Christiane Chadasch
Unmittelbare Leistungsstärke

Christiane Chadasch

Unmittelbare Leistungsstärke

Manifest eines erfüllten Lebens

EDITION R. G. FISCHER

Bibliografische Information der Deutschen Nationalbibliothek:
Die Deutsche Nationalbibliothek verzeichnet diese Publikation in der Deutschen
Nationalbibliografie; detaillierte bibliografische Daten sind im Internet über
http://dnb.dnb.de abrufbar.

© 2019 by R. G. Fischer Verlag
Orber Str. 30, D-60386 Frankfurt/Main
Alle Rechte vorbehalten
Schriftart: Times 11 pt
Herstellung: RGFC/bf/SU F1
ISBN 978-3-8301-9655-6

Dieses Buch möchte ich meinen Eltern, Doris Busche, Kalinka Herz, Conny Bretschneider, Petra Lüttich, Andrea Peuler, Monika Keuchel, Audrey Klapheck, Pater Anselm, Pater Felix, Klaus Hamburger, Christoph Jansen, Kai Eberhard, Rüdiger, Christoph Rauen-Engelberg, Frau Reyes, Christel Schroer, Gertrud Kieserg, Anne Deike Riewe, Sabrina Funk, Beverly Wilson, Bernhard Raps und Familie, Paula, Katharina, Birgit und Jannis Klapheck, Katrin Heck, Ingrid Sitzenstuhl, John Rey, Mariano und Lorenzo, Tobias Simons, Marcel Bork, Tatiana Willers, David, Harry, Wolfi, Sabine, Christian sowie zahlreichen anderen Helfern widmen. Sie sind für mein Leben wichtig. Ich danke ihnen mit diesem Buch für ihre tiefgehende, aufrichtige und langjährige oder auch neue Freundschaft und Inspiration. Sie glauben an meine Intuition, schätzen meine Stärke und geben mir den Glauben an mich selber immer wieder zurück, auch wenn ich von der Bühne heruntergetreten bin, auf der ich die Menschen inspiriere.

Dies ist ein sehr persönliches Buch. Trotzdem liegt die dichterische Freiheit zugrunde und Erzählungen sind nicht, auf lebende oder verstorbene Personen zu beziehen. Sie dienen der Inspiration und dem emotionalen Lernen. Jede Zeile ist mit dem Ziel geschrieben, jedem Menschen gegenüber Wertschätzung zu vermitteln.

Inhaltsverzeichnis

Prolog

Pilgerweg bis zur Kernschmelze

Höchstleistungen zu vollbringen ist heute an der Tagesordnung. Weiter, schneller, höher lautet die Devise. Dabei bitte zu gleichen Teilen jung, erfahren, sportlich und entspannt sein. Durchsetzungsstärke sowie Teamfähigkeit als Grundvoraussetzung für ein solides Leben. Loyal und flexibel, zuverlässig und offen sowie geistesgegenwärtig und zurückhaltend sollte der Mensch heute auf jeden Fall sein.

Natürlich gehört es zu einem gelingenden und erfüllten Leben grundsätzlich dazu, technisch versiert zu sein. Jede Handlung sollte schnell umgesetzt werden, ohne gestresst zu wirken. In den sozialen Netzwerken up to date zu sein, ist ein Muss. Wisse was los ist, sowohl privat als auch bei der Arbeit, im Promidschungel und auf allen anderen Lebensbühnen. Zeit für einen tatsächlichen Bühnen- beziehungsweise Theaterbesuch oder einen Gang in ein Museum ist allerdings nicht zwingend erforderlich, um gesellschaftlich anerkannt zu sein.

Was ist aus den guten, alten Klassikern geworden, die in der Schule Jahr für Jahr über Jahrzehnte gepaukt wurden? Sind zielgerichtete Exkursionen nicht deutlich sinnvoller? Obliegen die bildende Kunst und die moderne Malerei nur Yuppies oder alt eingesessenen, leicht verstaubten Intellektuellen?

Welche Bildung benötigt ein junger Mensch, um leistungsstark zu sein und Ziele adäquat umsetzen zu können? Was möchten Sie selber in Ihrem Leben noch erreichen? Und worin bestehen die eigentlichen Ziele der Menschen? Wie sieht Ihr persönlicher Pilgerweg zu sich selbst und zu Ihrem persönlichen Image aus?

Erfüllen Sie selber die Rolle einer Frau oder eines Mannes? Oder wissen Sie es aktuell vielleicht eigentlich nicht mehr wirklich? Die Rolle der Frau, verschoben und zur Rolle des Mannes hinführend, als Errungenschaft einer aufgeschlossenen und zivilisierten Gesellschaft mit dem Rückschluss darauf, dass auch ein Mann weinen darf. Die selbstverständliche Anwesenheit von Männern auf Schönheitsfarmen und in Beautysalons, in der Vergangenheit undenkbar, heute eine alltägliche Situation.

Die Existenz eines jeden Individuums hinsichtlich eines zufriedenen Lebens müsste in der beschriebenen Formel doch aufgehen. Jeder kann und darf das sein, was er sein möchte. Kernschmelze inklusive.

Die Zielgerade lädt ein, vom Gipfel des Berges begeistert auf das Leben zu blicken. Alles scheint möglich. Wir sind unmittelbar. Und wir sind jederzeit leistungsstark. Wunderbar. Im Grunde genommen sind wir die Superlative des Lebens. Es gab und gibt keine bessere Zeit. Hier und jetzt lacht es in uns, wird von uns gefeiert – und es gelingt zu leben.

10.209 Menschen haben sich in Deutschland 2015 suicidiert (Höppke, 2016). Waren diese Menschen nicht leistungsstark genug? Was ist mit den Menschen, die an Depressionen erkrankt sind oder durch psychische Erkrankungen arbeitsunfähig werden? Sind sie die Ausnahme? Sind Menschen mit Einschränkungen leistungsstark genug für unsere Gesellschaft oder können wir nur an ihnen vorbeischauen und uns von Powergeschichten inspirieren lassen?

Sollten Sie noch zu den Denkern gehören, die davon überzeugt sind, dass Leistungsstärke mit Perfektion gleichgesetzt wird, lade ich Sie herzlich gerne dazu ein, beispielsweise die Paralympics zu verfolgen. Sie werden vor Neid erblassen und sich träge wie ein Kartoffelsack fühlen beim Beobachten von Erfolgen der Menschen, die als eingeschränkt gelten. An dieser Stelle bekommt der Begriff Leistungsstärke eine neue Bedeutung.

Natürlich könnten Sie einwenden, dass es sich hierbei um Spitzensportler handelt. Spitzenkräfte faszinieren und hemmen uns gleichermaßen. Das können wir doch niemals erreichen. Die Perfekten unter uns verfügen über besondere Gaben. Ihnen wurde vieles in die Wiege gelegt. Sie wurden gefördert, und sie hatten nicht zu kämpfen.

Glauben Sie das wirklich? Denken Sie, dass ein Spitzensportler nicht mit Höhen und Tiefen zu kämpfen hatte? Oder verbuchen Sie für Ihr Wissen bereits die Erkenntnis, dass es kein einziges Leben ohne Niederlage gibt?

Ja, ich weiß, über Niederlagen spricht man nicht. Unsere Kinder müssen wissen, dass Erfolg mit Leistungsstärke und Leistungswillen verknüpft ist. Wir selber müssen uns antreiben und uns damit auseinandersetzen, dass wir besser werden können und sollten. Die Perfekten weisen uns den Weg. Und wir – scheitern bei der nächsten Diät, verlieren unsere Familien, finden den Kurs zum Erfolg einfach nicht.

Wann fühlen Sie persönlich sich leistungsstark? Was gehört für Sie spezifisch dazu, damit Sie mit sich und Ihren Leistungen zufrieden sein können? Wo beginnt für Sie der individuelle und subjektiv erlebte Erfolg? Erfolg als Gewinn, finanzielle Superlative und absolute Anerkennung. Wunderbar!

Was aber bedeutet der Begriff Erfolg am Ende eines Lebens, wenn Sie Bilanz ziehen werden? Wie können Sie dieses Leben letztendlich zufrieden loslassen? Ein erfolgsorientiertes Sterbekonzept sollte in jedem Fall festgelegt und notariell bestätigt sein. Sicherheit bis ins Letzte, und bitte ohne jemandem jemals zur Last zu fallen. Keine persönliche Leistungsstärke mehr – kein Lebensrecht. Oder besser gesagt, das Recht auf ein entspanntes Sterben ist verwirkt in einer Gesellschaft, die durch den Alltag hetzt und links sowie rechts nichts mehr sieht. Es macht stark, sich nicht von negativen Geschichten herunterziehen zu lassen.

War Ihr bisheriges Leben so, wie es sein sollte? Konnten Sie den Luxus Ihres Lebens in Frieden und Sicherheit, mit dem finanziellen Netz der Solidargemeinschaft und durch die Nutzungsmöglichkeiten kreativer Angebote, die Ihnen mit einer Geburt in Deutschland in den letzten Jahrzehnten in die Wiege gelegt wurden, genießen?

Haben Sie andere Menschen in der Welt unterstützt, um von der positiven Seite des Lebens kosten zu können? Sind Sie in andere Länder gereist, um Leistungsstärke auf unmittelbarer Ebene bei sogenannten ärmeren Menschen zu erkennen und zu bewundern? Oder fragen Sie sich, was dort wohl entdeckt werden sollte, wo Menschen am Existenzminimum leben und es vielleicht noch nicht einmal merken?

Diesen Aspekten auf den Grund zu gehen, dazu lädt Sie dieses Buch ein. Greifen Sie sich die inspirierenden Seiten und lassen Sie es sich für eine Weile gut gehen. Tauchen Sie in facettenreiche Erfolgsgeschichten des Lebens ein und finden Sie heraus, wie Sie sich darauf freuen können, sich selber voller Stolz im Spiegel zu betrachten, sich schick zu machen und Ihr Leben zu genießen.

1. Stärke als organische Verbindung

Charakter und Manneskraft

Ein Polysaccharid, ein Mehrfachzucker mit dem Namen $C_6H_{10}O_5$ wird in unserem Körper zu Glucose umgebaut und gehört zu den Kohlenhydraten. Oh nein! Hilfe, Kohlenhydrate und Leistungsstärke sind Gegenpole. Wir leben in der 90-60-90-Welt mit einem BMI (Body-Mass-Index) von 21. Die Kleidergröße darf Größe extra small nicht überschreiten – sonst ist ein Erfolg auf beruflicher und privater Ebene absolut undenkbar.

Was ist mit der Optik in unserer Zeitzone los? Schlank, groß, schlanker, Hungerhaken – das ist die Welt der Mode. Alles andere zieht den Kunden nicht an. Mode zu kaufen, die eine zuschauende Dame dazu verleitet, mit sich selber absolut unzufrieden zu sein, über chirurgische Eingriffe nachzudenken – das ist schick. War es nicht ein bekannter Designer, der meinte, dass die Frauen in unseren Breitengraden optisch einer Tierherde gleichen?

Was sollen wir mit dem organischen Begriff nun anfangen, um der Situation Herr zu werden oder Frau genug zu sein? Wir Menschen der Leistungsstärke mögen Bioprodukte und vegane Speisen. Vor allem regionale Dinge ziehen uns an, auch wenn noch immer fraglich ist, wie diese in der Breite saisonal angeboten werden können. Verändert das unseren BMI und führt uns zu entfesselter, unmittelbarer Leistung? Woher kommt das Denken, dass ein besonders dünner Mensch besonders wundervoll ist?

Wie hat sich der BMI entwickelt und was bedeutet er genau?

1796 beschäftigte sich ein belgischer Astronom und Mathematiker mit der Maßzahl für die Bewertung des Körpergewichts hinsichtlich der Körpergröße. Adolphe Ouételet war leidenschaftlicher Statistiker und wollte unbedingt die Normalverteilung als statistische Größe für einen gesunden Körper festlegen (Quételet, 1871).

Ignaz Anton Kaup (1870–1944), Konstitutionsforscher und deutscher Mediziner, entwickelte die Ideen Quételets weiter. Die Grundlage seiner Formel wird bis heute genutzt, um die Körpermasse eines Menschen zu ermitteln. Dabei wird das Gewicht in Kilogramm durch die Größe in Metern, die zuvor mit sich selbst multipliziert wurde, geteilt.

1972 entstand letztendlich der noch heute verwendete Begriff BMI durch Ancel Keys. Der amerikanische Physiologe beschäftigte sich mit den Prozessen im Körper und wies bereits darauf hin, dass eine tatsächliche Einschätzung des gesundheitlichen Zustandes einer eingehenden Untersuchung bedarf. Dieser Einwand wird aber allzu oft überhört.

Als Schönheitsideal gilt aber nicht in allen Ländern dieser Welt ein angemessener BMI. Innerhalb der Kontinente, in denen Todesfälle durch Hunger bekannt sind, gelten füllige Menschen als gesund und bewundernswert, da sie durch ihren Reichtum die nächste Katastrophe überleben können.

Im Industrieland USA (United States of America) legte in den 1980er Jahren allerdings eine amerikanische Lebensversicherung den BMI ihrer Risikoeinschätzung zugrunde. Rationalisierung war somit möglich.

Darüber hinaus informierte die amerikanische Regierung die Bevölkerung in breit angelegten Kampagnen über den BMI und die damit verbundene Rationalisierung. Das war in den 1990er Jahren. Zeitgleich senkte das National Institut of Health (Nationales Gesundheitsinstitut) die Grenze zum Übergewicht von 27,8 auf 25. Das hatte zur Folge, dass 30.000.000 Menschen des amerikanischen Volkes über Nacht übergewichtig waren und kein gesundes Normalgewicht mehr aufwiesen.

Auch die WHO (World Health Organization, Weltgesundheits-organisation) führte 1995 eine BMI-Klassifikation ein. Neuesten Zahlen zufolge ist jeder dritte Mensch weltweit zu schwer. 2013 waren 2,1 Milliarden Menschen zu schwer und bereits 671 Millionen Menschen waren adipös (fettleibig). In den Industrie-ländern sind, so der Bericht weiter, mehr Männer von der Fett-leibigkeit betroffen und in den Entwicklungsländern mehr Frauen. Die Tendenz zum Übergewicht ist weiterhin steigend (Gakidou, Cowling, Lozano & Murray, 2010).

Daraus entstehen nicht nur gesundheitliche Risiken für den Einzelnen, sondern auch Kosten für das Gesundheitssystem. Die Ausgaben, die sich durch eine Abweichung vom Normalgewicht wie Adipositas und Anorexie (Untergewicht) ergeben, beliefen sich 2013 laut Spiegel ONLINE auf 3,5 Billionen Dollar pro Jahr (wbr/dpa, 2016).

Gleichzeitig informiert die Uno-Organisation, dass weltweit jeder achte Mensch hungert (WFP, 2016)! Die Welthungerhilfe berich-tet, dass 795 Millionen Menschen unterernährt sind (irb/mls/dpa, 2016).

Was ist los mit dem Essverhalten der Welt?

3,7 Millionen Menschen in Deutschland sind anorektisch und 10% von ihnen sterben an ihrem Untergewicht (Magersucht.de & Selbsthilfe bei Essstörungen e. V., 2016). Wie können solch erschreckende Zahlen möglich sein? Ist unsere Welt verrückt? Welche Probleme liegen der Thematik zugrunde? Orbach (1991) beschreibt die Erkrankung Anorexie als Hungerstreik, der ein Ringen um Kontrolle und Selbstbestimmung ist. Die zugrunde-liegenden Probleme der einzelnen Gewichts- und Ernährungs-probleme sind weltweit und individuell sehr unterschiedlich. Orbach (1997) ist sich aber sicher, dass die Erkrankung Mager-sucht keinesfalls unbesiegbar ist. Es lohnt sich zu kämpfen, um ein gesundes Leben führen zu können.

Ob zu dünn oder zu dick – viele Menschen haben ein Problem, den Umgang mit Nahrungsmitteln gesund zu gestalten.

Heutige Wissenschaftler weisen, genau wie schon Keys 1972, darauf hin, dass die **Fettverteilung** im Körper für das Verständnis eines gesunden Körpergewichts entscheidend ist. Die Verteilung von Muskelmasse und Wasserverteilung sowie der Allgemeinzustand eines Menschen, seine Laborwerte (Blutzucker, Cholesterin, Hormonhaushalt, Spurenelemente usw.) und die Vitalparameter (Atemfrequenz und -qualität, Blutdruck und Herzleistung, Pulsfrequenz und -rhythmus), die ihn tagtäglich begleiten, sind ebenso wichtig für die Einschätzung seines Gesundheitszustandes wie seine genetischen Faktoren, seine Ruhe- und Schlafphasen sowie die Umweltbedingungen, in denen er als Mensch zurechtkommen muss.

Was also fangen wir mit der Stärke als organischer Verbindung am sinnvollsten und besten an?

Stärke als Polysaccharid und letztendlich als Kohlenhydrat, das im Körper als Einfachzucker, beispielsweise Glucose eingelagert wird und der Feind aller übergewichtigen Menschen zu sein scheint, bedeutet für andere wiederrum eine Chance auf Überleben. Dieser Stoff ist eine entscheidende körperliche Reserve, auf die es ankommen kann, wenn zum Beispiel eine Krankheit Besitz vom Körper ergreift. Körperliche Ressourcen entscheiden dann über Genesungsmöglichkeiten. Eine neue Form der persönlichen und unmittelbaren Leistungsstärke wird in diesen Momenten abverlangt.

Seelische Überforderung und ein körperlicher Kontrollverlust zehren in solchen Lebensphasen schneller an den Kraftreserven, als Sie sich das heute vorstellen können. Genauso ist es in anstrengenden beruflichen Situationen und privaten Extremzeiten. Sie brauchen in diesen Fällen körperliche Reserven, um aktionsfähig zu bleiben.

Menschen sollten also verantwortungsvoll mit Nahrung umgehen und sie zielgerichtet einsetzen, so dass ein gesundes körperliches und seelisches Gleichgewicht bei allen Menschen in der Welt entstehen kann. Verantwortungsvolles Handeln bedeutet, dass nicht immer mehr landwirtschaftliche Flächen an Großinvestoren abgetreten und Börsengeschäfte unter ethischen Gesichtspunkten durchgeführt werden. Nahrung als Lebenselixier. Der richtige Nahrungsmittelumgang sorgt für Lebendigkeit, Fruchtbarkeit, Kreativität, Lebensqualität und Gelassenheit.

Die charakterliche Stärke eines Menschen zeigt sich durch seine klug ausgeführten Handlungen im Bereich der Auswahl, Zubereitung seiner Nahrung und der Art des Verzehrens. Dabei muss der jeweilige Mensch regelmäßig zielgerichtete, gewinnbringende Entscheidungen treffen, ohne sich zu überfordern. Worin der Gewinn besteht, muss individuell bestimmt sowie politisch gelenkt werden.

Eine Stärkung eigener Fähigkeiten hinsichtlich einer globalen Verantwortung bedeutet, dass offen mit Thematiken wie Über- oder Unterernährung umgegangen wird. Das ist der Rahmen in dem sowohl eine gesunde Entwicklung als auch eine nachhaltige Leistungsstärke möglich sind.

Eine Auseinandersetzung mit aktuellen Entwicklungen und zukunftsorientierten Entscheidungen, sowohl auf persönlicher Ebene als auch auf der Ebene, welche sich mit dem Ernährungszustand der Weltbevölkerung beschäftigt, führen zu einem gesunden Gleichgewicht. Diese Interpretation steuert zur Charakterstärke und bedeutet eine Meinung zu haben, diese reflektieren und analysieren zu können sowie sich zum Wohle der Menschheit einzusetzen. Mitmenschlichkeit sich selbst und anderen gegenüber, die Errungenschaft von Freiheit und Toleranz sowie den weltweiten Umgang mit gesunder Ernährung sollten das Ziel eines starken und leistungsstarken Menschen sein.

Unmittelbare Leistungsstärke wird aus einem gesunden Gleichgewicht, einer ausgewogenen Ernährung sowie einer gesunden Balance zwischen Körperumfang und seelischer Ausgeglichenheit heraus erreicht.

Ist individuelle Leistungsstärke als unmittelbare Charaktereigenschaft zu betrachten – oder besteht Leistungsstärke letztendlich dort, wo ein adäquates Durchsetzen eigener Interessen erfolgt? Der von Natur aus stärkere Mensch gewinnt am Ende doch.

Was glauben Sie persönlich?
Wann sind Sie ein richtiger Mann oder eine vollwertige Frau?
Wann verfügen Sie über die Kraft und Leistungsstärke, welche Sie sich wünschen?

Ist es wichtig, dass es, wie es sich immer wieder in der Geschichte der Menschen herauskristallisiert, eine besondere Gruppe von Menschen ist, die Recht sowie Macht behalten und sich behaupten? Sind es die schlanken Menschen, die erfolgreich und leistungsstark sind? Liegt die Macht des Menschen im Kollektiv, so dass alle Menschen beispielsweise einen bestimmten Körperumfang haben müssen, um bei einer Airline zu arbeiten, wie die Bild (2015) berichtet?

Darf ein Kollektiv über richtig und falsch entscheiden? Und sind füllige Menschen immer gemütlich? Oder kommt es auf die Nationalität eines Menschen an, welche Ideale er verfolgt, welcher BMI der richtige ist und wo wer auf diesem Planeten leben kann? Sollte die Wahrheit im Kollektiv liegen oder geht es um eine persönliche Charakter- und Leistungsstärke?

Was denken Sie?

Ich blicke auf die Diskussionen unserer Zeit, in denen es weltweit darum geht, ob bestimmte Menschen staatlich ausgeschlossen werden dürfen. Mich wundern viele der angeführten Reden – und noch mehr wundert mich der Konsens, welcher in breiten Schichten der Menschheit darüber herrscht, dass reiche Menschen sich abschotten und gegen arme Menschen strafrechtlich agieren sollten. Sie liegen falsch! Hat denn niemand vom Holocaust, von den Fehlern des Ku-Klux-Clans oder anderer Zerstörer der Menschenwürde gelernt? Natürlich wird gegenwärtig sauberer reagiert. Grenzen werden errichtet und dann können die anderen ihr Leid dort empfangen, wo die Reichen davon nicht länger berührt werden. Warum gelingt es nicht, charakterstark in Frieden zu leben, die Verbindungen zwischen den Menschen und ihren Religionen zu sehen, sondern Menschen – Kinder, Frauen und Männer immer wieder zu unterdrücken?

Welche Regierungen bilden sich weltweit und
wie gehen wir damit um?

Sollten wir mit Sorgen reagieren und aufgeben, da wir weder am politischen Geschehen noch an der Fehlernährung der Weltbevölkerung letztendlich etwas ändern können? Natürlich nicht. Wir brauchen Charakter und müssen Position beziehen. Jeder für sich sollte herausfinden, was er tun kann, wie weit seine Kraft reicht und was er zur Geschichte unserer Welt beitragen kann.

Nicht alles auf einmal erreichen und ändern zu wollen, sondern zu erkennen, was möglich ist, wozu die eigene Kraft reicht und sich an diesem Punkt selber zu akzeptieren. Zu spüren, wo die eigene Leidenschaft für eine Sache weiterhelfen kann, sich dann ein Ziel zu setzen und an diesem diszipliniert festzuhalten, ist eine Herausforderung, die bei Zielerreichung zu Stolz führt.

Nicht einfach in einer Starre verharren, welche dazu führt, dass letztendlich viel geredet und geurteilt wird, ohne dass im Grunde genommen nur ein ganz kleiner Lebensaspekt zum Positiven verändert wird, ist eine Lösung, die sich zu entdecken lohnt! Sie können zur unmittelbaren Leistungsstärke der Welt beitragen. Sie persönlich sind in der Lage, das Manifest erfüllter Leben zu unterstützen. Beginnen Sie mit einem freundlichen und wohlwollenden Lächeln in Ihrer Nachbarschaft und nutzen Sie Ihre Erfahrungen für ein Experiment. Was wird sich in Ihrem Umfeld durch Ihre Veränderung bewegen? Eine starke Entscheidung treffen, eine kollektive Verbindung eingehen, das Zielthema mit ganzer Kraft verfolgen und natürlich nicht fanatisch werden, kann zu Ihrem Lebensmotto werden.

Wenn jeder das Beste gibt, ist vieles gewonnen! Frieden mit sich, mit anderen und für die Welt durchzusetzen ist eine lebenslange Aufgabe. Leistungsstärke muss sowohl individuell als auch kollektiv betrachtet werden, denn die Menschheit ist langfristig beobachtet nur so stark wie ihr schwächstes Mitglied, welches ihr letztendlich vielleicht sogar Weitsicht, Weisheit und Leistungs-stärke vermittelt.

1.1   Verbindung

Eine Frage der Disziplin

Eine Verbindung zum schwächsten Glied aufrechtzuerhalten – ist das sinnvoll? Zahlreiche Menschen sind davon überzeugt, dass schwächende Glieder aus der Gesamtverbindung entfernt werden müssen, um unmittelbare Leistungsstärke erreichen zu können.

Wie sieht Ihre Meinung aus?

Agieren Sie berechnend oder sind Sie sozial eingestellt? Welche Menschen gehören zu Ihrem Freundeskreis und mit wem umge-ben Sie sich im Rahmen Ihres beruflichen Umfeldes? Sicherlich ist eine gesunde Mitte hier das Maß aller Dinge.

Koalitionen stärken. Das wissen bereits unsere kleinsten Erden-bürger. Wer zu einer Gruppe gehört, genießt den Schutz der anderen. In der Geschichte »swimmy« von Leo Lionni (2016) wird die Idee eines kleinen Fisches erzählt. Auf der einen Seite geht es in der Geschichte um schutzbringende Gruppenkonstellationen. Auf der anderen Seite wird aber auch der Hunger der Gruppe nach einer Führungspersönlichkeit beschrieben. Innovation und Motivation auf Führungsebene werden durch Swimmy zu gleichen Teilen ausgelebt. Dadurch werden seine Gruppenmitglieder mitgezogen. Im Falle von Swimmy (Leonni, 2016) profitieren alle von der neu erarbeiteten Konstellation.

Viele idealistische Gruppen laufen aber auch in eine verderbliche Richtung, die nur denen nützt, die es noch nicht besser wissen und die letztendlich ihre Ideologie darin bestärkt sehen, andere Menschen auszugrenzen. Weitere Ideale innerhalb dieser Koalitionen gibt es in vielen Fällen erstmal nicht. Für eine leistungsstarke Ausrichtung und Verbindung fehlen häufig die Kapazitäten.

Wer zu viele problembeladene Menschen um sich herum versammelt, verliert Lebensenergie und kann auf Dauer nicht gleichzeitig leistungsstark und kraftvoll sein. Wer aber ideologisch selektiert, ist nicht in der Lage, sich zu stärken und in einer sich bewegenden Gesellschaft langfristig zu partizipieren. Wo liegt also Ihre Lösung? Vielleicht in einer Verbindung zwischen Stärke und Disziplin? Besteht hier ein Zusammenhang?

Disziplin als konsequente Einhaltung von Regeln scheint in der Tat in enger Verbindung zu unmittelbarer Leistungsstärke zu stehen. Wie sollte Leistungsstärke ohne Disziplin möglich sein? Und was genau ist der Unterschied zwischen einer gesunden Disziplin und ihrer zerstörerischen Seite? Kann Disziplin gute Absichten zersetzen?

Natürlich ist Zerstörung durch Disziplin möglich.

Disziplin nicht als Unterstützung, sondern als die Möglichkeit, über Grenzen zu gehen, macht auf Dauer krank. Es schadet anderen, wenn ich ihnen Dinge auf's Auge drücke, die ihrem

Wunsch und Naturell nicht entsprechen. Dieses Vorgehen finden wir an zahlreichen Stellen im Leben wieder.

Beginnen wir bei der Kindererziehung. Das Buch »Battle Hymn of Tiger Mother« (Chua, 2012) beschreibt einen gnadenlosen Erziehungsstil. Wie Bethge (2011) im Interview mit der Autorin klären konnte, geht es in der chinesischen Erziehung darum, bestmögliche Leistungen von einem Kind zu fordern und zu jedem Zeitpunkt bestmögliche Noten zu verlangen, als Glauben daran, dass das eigene Kind diese Leistung bringen kann und letztendlich im Leben mit einem Glücksgefühl bestärkt wird. Chua erläutert im Interview, dass die von ihr gewählte Förderung ein Liebesbeweis den Fähigkeiten des eigenen Kindes gegenüber ist (Bethge, 2011). Sie propagiert weit mehr als Disziplin. Chua beschreibt für sich den Erfolg durch Zwang und Qual, da sie davon überzeugt ist, dass dieser Stil zu einem gesunden Selbstwertgefühl führt. Statistiken über beunruhigende Selbstmordraten unter chinesischen Jugendlichen weist sie im Interview von sich (Bethge, 2011).

Chelala (2014) berichtet aber, dass die Zahl der Selbstmorde in asiatischen Ländern extrem hoch und beunruhigend ist. Die Jugendlichen weisen massive psychische Probleme auf und beenden ihr Leben, um dem Druck auszuweichen und die Angst vor einer schlechten Bewertung hinter sich zu lassen. Im Alter von 15–24 Jahren, so Chelala (2014), sind zahlreiche Heranwachsende so verzweifelt, dass sie ihr Leben beenden.

Besteht eine Verbindung zwischen beiden Geschichten?

Die Antwort bleibt Ihrer Interpretation überlassen. Chelala (2014) erklärt, dass alle zwei Minuten ein Jugendlicher in China sein Leben beendet. Drill erschöpft die persönliche Kreativität (Bethge, 2011). Kreativität ist es aber, welche eine unmittelbare Leistungsstärke hervorruft. Bei der freien Ausübung individueller Kreativität wirkt nichts erdrückend, sondern befreiend. Befreit können sich seelische Aspekte einen Weg in die Welt bahnen.

Hierbei bleibt die Seele gesund, solange gesunde Grenzen persönlicher Kreativität eingehalten werden und das Gesamtwohl nicht außer Acht gelassen wird. Die eigene Persönlichkeit mit individuellen Stärken führt zu einem sinnvollen und lebenswerten Leben. Einzig das Gleichgewicht und die Verbindung zwischen Leistungsstärke und Lebenszufriedenheit kann letztendlich ein persönlicher und gesellschaftlicher Erfolg sein.

Die Freiheit ist das höchste Gut. Mit ihr gesund umgehen zu können und ein gesundes Mittelmaß zu finden – das ist die Aufgabe, die wir durch unsere Erziehung an unsere Kinder weitergeben sollten.

Unsere Kinder müssen neben dem Streben nach persönlichen Erfolgen lernen, mit Niederlagen zurechtzukommen, denn ein Schmerz, der nicht ausgedrückt werden kann, zermürbt. Niederlagen sind ein natürlicher Teil des Lebens. Sie gehören ebenso zum Leben wie Erfolge. Es ist absolut undenkbar, dass irgendjemand sein ganzes Leben über ausschließlich Erfolg hat.

Die zweite wichtige Botschaft an unsere Kinder sollte lauten: Feiere deine Erfolge. Denn hier liegt die zweite große Bedrohung für die seelische Gesundheit eines Menschen (Chadasch, 2017). Viele Menschen erreichen ein Ziel und stecken sich direkt bei Erreichung das nächste Ziel. Warum tun sie das? Warum klopfen sie sich nicht auf die Schulter und sagen, dass sie etwas gut gemacht haben? Die Anstrengung, die sie sich abverlangt haben, hat es ihnen ermöglicht, das richtige Ziel zu erreichen. Dieser Moment muss ausgekostet werden. Aus ihm entsteht neue Kraft. Dieser Moment formt das Leben zu einem Manifest der Erfüllung!

Bei der Feier erreichter Ziele sollten die kleinen und die großen erreichten Ziele gefeiert werden. Probieren Sie das aus, um eine direkte Veränderung in Ihrem Leben zu spüren.

Für die 4,4 Prozent weltweit lebenden Menschen, die an einer Depression leiden (El Kashef, 2017), ist es ein Erfolg aufzustehen, sich herzurichten und ein gesundes Frühstück zu sich zu nehmen. Sie können an dieser Stelle drei Erfolge feiern, denn sie haben sich überwunden. Sie haben sich ein Ziel gesteckt und sie haben dieses Ziel erreicht. Dennoch verbringen viele dieser Menschen ihren Tag damit, zu sehen, was ihnen schwer fällt und nicht gelingt. Sie graben sich ihre eigene Kraft ab. Die Zahl der an Depression erkrankenden Menschen ist steigend und die Depression stellt laut El Kashef (2017) die Hauptursache für verlorene Lebensqualität dar. Wachen Sie auf!

4,9 Millionen Menschen in Deutschland sind von einer Depression betroffen, berichtet die Stiftung Deutsche Depressionshilfe (2017). Neben guten Behandlungsmöglichkeiten ist es mit Sicherheit förderlich, Erfolge im eigenen Leben zu feiern. Die kleinen und die großen Erfolge müssen von Beginn des Lebens an zelebriert werden. Wenn Sie das in Ihrem bisherigen Leben nicht konnten, beginnen Sie jetzt. Schauen Sie sich Ihren Tag an. Was ist Ihnen bisher gut gelungen? Klopfen Sie sich auf Ihre Schulter, tragen Sie Ihren Kopf aufrecht und stolz, denn Sie persönlich waren dazu in der Lage.

Der Maßstab für Ihre Leistungsstärke sind Sie.
Sie setzen durch persönliche Gedanken Ihre Ziellinien fest.
Beurteilen Sie sich und andere wohlwollend und
Sie werden ein unvergleichliches Manifest erleben.

Durch einen gesunden Umgang mit einem Gefühl der Zufriedenheit und einer ausgewogenen Verbindung zu sich selbst kann ein neues Gefühl von Freiheit für sich selber und für andere entstehen. Frieden im Inneren und Frieden im Äußeren ist Lebensqualität. Leistung aus diesem inneren Frieden heraus zu erbringen, führt gesellschaftlich betrachtet zu einer gesunden und gewinnbringenden gesellschaftlichen Verbindung, die von Kindheit an bis in das hohe Alter trägt, denn ein Mensch, der gebraucht wird und geachtet wird, ist nicht nur selber leistungsstark, er trägt auch die unmittelbare Leistungsstärke der Gesellschaft voller Stolz mit.

Leider gilt nicht immer dieses Ideal. Viele Menschen scheitern an der Realität. Im Alter sind immer noch zu viele Menschen durch das Gefühl der Sinnlosigkeit suizidgefährdet. Die Angst vor Abhängigkeit und sozialer Isolation führt häufig zu dem Gefühl der Leere. 40% aller Menschen, die sich suizidieren, sind über 60 Jahre alt, weiß Schuster (2012). Geeignete gesellschaftliche Konzepte und eine Anerkennung jeder Altersstufe kann diese Situation zum Positiven verändern. Dabei spielt der Umgang mit Erkrankungen im Alter eine entscheidende Rolle.

Der Angst vor einer dementiellen Erkrankung begegnen beispielsweise Naomi Feil und Erwin Böhm auf ihre ganz eigenen Weisen. Beide haben wohlwollende, ganzheitliche und menschenwürdige Konzepte entwickelt, um dieser Situation zu begegnen. Die Validation von Feil beschreibt eine Kommunikationstechnik, die ungeahnte Möglichkeiten im Gespräch mit einem Menschen mit der Diagnose Demenz eröffnet (Feil & De Kierk-Rubin, 2013). Böhm (2009) verweist mit seinem Psychosozialen Modell darauf, dass bei einem gelingenden Miteinander von Pflegekraft und Pflegebedürftigem zahlreiche positive Entwicklungen zu verzeichnen sind, wie beispielsweise eine deutlich geringere Notwendigkeit, Medikamente zu verabreichen.

Beide, Feil und Böhm wissen, dass eine ernsthafte und aufrichtige Verbindung zwischen Menschen Leistungen bis in das hohe Alter und egal unter welcher Diagnose ermöglichen. Diese Einstellung lernen Kinder von ihren Vorbildern, den Erwachsenen, mit denen sie aufwachsen (Bandura, 1994). Nutzen Sie diese lernpsychologische Theorie, um ein menschenwürdiges Leben für Menschen in allen Lebensstufen zu gestalten. Gehen Sie Verbindungen ein, die spannend sind und Ihren Geist wachhalten.

Nutzen Sie Ihre sprudelnde Inspiration, um Antworten auf Fragen zu finden, die Ihnen zuvor unmöglich erschienen. Misserfolge werten Sie als Chance, um sich neu zu orientieren. Spüren Sie – leben Sie und entwickeln Sie sich. Klammern Sie nicht, sein Sie offen für Verbindungen, die Ihnen neue und gesunde Sichtweisen auf ein wertvolles Leben ermöglichen. Gönnen Sie sich hierzu gerne das Gedicht »Lebensstufen« von Hermann Hesse (1972), einem der größten Autoren.

1.2 Loslösung

Wissenschaft der Stärke

Stärke nicht ausschließlich als organische Verbindung, sondern eher als wissenschaftliche Disziplin zu betrachten ist eine Möglichkeit, die persönliche Leistung auf einem neuen Niveau zu begreifen. Dabei zeichnet die Wissenschaft sich durch Forschung aus. Diese Forschung obliegt engen Bestimmungen und Gütekriterien wie Validität, Reliabilität und Objektivität (Beller, 2008). Das bedeutet, dass während der Forschung eine genaue Zielsetzung verfolgt werden muss, die Messung zuverlässig zu sein hat und vom Forscher unabhängig durchführbar sein muss. Das Einfügen der Ergebnisse in die aktuelle Forschungslandschaft ist im Rahmen der Forschungsarbeit unabdingbar. Ein wichtiger Aspekt gesellschaftlicher Leistungsstärke und Weiterentwicklung.

Durch Intuition und Kreativität bringen einzelne Menschen die Wissenschaft in allen Teilbereichen voran. Die Menschen sind neugierig und immer auf der Suche. Scherer beschrieb in einem Interview (Kreye, 2016), dass ein erfolgreicher Mensch sich dadurch auszeichnet, dass er bereits beim Erreichen seines Erfolges über die nächsten Schritte nachdenkt, die es zu tun gilt, damit der Erfolg langfristig auch nicht ausbleibt. Diese besondere Form der Leistungsstärke weist unternehmerische Intelligenz auf. Hierin ist Scherer Spezialist.

Er begann als Einzelhandelskaufmann, baute einige Unternehmen auf und machte sie zu Marktführern (Scherer, 2016). Heute agiert er als internationaler Top-Speaker und weiß, wie man aus einer Idee durch gezielte Leistungsstärke unmittelbaren Erfolg herstellt, um das Manifest seines Lebens zu gestalten.

Welches Erfolgsrezept liegt hier zugrunde? Man nehme klare Vorstellungskraft, deutliche Positionierung, professionelles Verhandlungsgeschick und gelebte Leidenschaft. Die Loslösung von bekannten Marktstrategien ist hierbei entscheidend. Das Denken in überdurchschnittlichen Dimensionen ist bei dieser Strategie wichtig, wie es Scherer bereits 2001 bei seiner Einladung an Clinton bewies (Kreye, 2016). Er hat bei dieser Einladung vieles auf eine Karte gesetzt und gewonnen. Eine Erfolgsgeschichte wie aus einem Roman. Beneidenswert. Wünschenswert. Glücksorientiert. Doch auch Scherer (2011) kennt Zweifel, die er aber als Chancen nutzt. Er löst sich von der Vorstellung versagen zu können und setzt dieses Gefühl für seine Kreativität ein.

Nutzen Sie die Möglichkeit, Chancen zu erkennen und sich nicht von Hindernissen blockieren zu lassen!

Stärke bedeutet nicht ausschließlich immer perfekt, erfolgreich und auf der Höhe des eigenen Lebens zu sein, sondern keinen Stillstand zu dulden. Diese Metapher dient auch in dem Film »Sein letztes Rennen« (Riedhof, 2014) dem alternden Ehepaar. Sie geben nicht auf. Auch wenn das Umfeld ihre Ideen als Unsinn bezeichnet, halten sie an großen Zielen fest. Als im Verlauf des Filmes die Kraft aber schwindet und die äußeren Bedingungen die letzten Kräfte auslöschen, löst sich die innere Starre der Außenwelt und Motivation erfolgt. Auch hier ist es ein Geben und Nehmen, welches letztendlich zur Leistungsstärke und Freiheit der ganzen Gruppe führt.

Stillstand ist hier nicht in dem Sinne zu verstehen, dass Sie sich keine Pausen gönnen, sondern indem Sie sich zeitnah aufraffen, ihre Aufgaben zu erledigen. Stellen Sie sich Ihren Ängsten und lassen Sie diese hinter sich. Nutzen Sie die Möglichkeit, sich durch Ihre Versagensängste nicht ins Aus katapultieren zu lassen, sondern mitten in das Leben hineingeworfen zu werden.

Denken Sie an eine alltägliche Situation. Sie sind eine schöne Frau, wissen es aber nicht. Als Sie ausgehen, sind Sie davon überzeugt, dass der Abend verläuft wie jeder andere Abend auch. Ihre Freundinnen werden angegraben, flirten, tanzen, lachen und Sie stehen unbemerkt in einer Ecke herum. Welche Frau kennt diese Lebensphasen nicht? Diesen Zweifel, der am Ego nagt und jegliche Freude hemmt, weil die Idee entsteht, als alte Jungfer zu enden, kennen viele Frauen.

In diesem Gedankenspiel finden sich zahlreiche Aspekte. Erstens die Selbstprophezeiung. Van Haren (2016) beschreibt diese Fähigkeit der Menschen, sich in Botschaften zu bestätigen, die diversen gedanklichen Dramen zugrunde lagen. Einfach gesagt, das Schlimmste wird angenommen und bestätigt sich auch. In unserem Beispiel ist es die Frau, welche abends alleine zurückbleibt, während ihre Freundinnen flirten. Zum zweiten wird aber auch ein starkes Ego deutlich, denn die Dame zieht nicht in Betracht, dass sie sich möglicherweise irrt.

Was kann der Ablehnung anderer vorausgehen?

Warum überlegt eine selbstbewusste Frau nicht, welchen Vorteil es haben kann, entspannt den anderen beim Balzverhalten zuzuschauen, sich gemütlich einen Cocktail zu gönnen, ohne die Freundinnen freihalten zu müssen. Oder sie denkt darüber nach, sich den Mann ihrer Wahl auszusuchen und diesen gezielt anzulocken. Nein, die meisten Frauen denken, dass sie nicht attraktiv genug sind, nicht wertvoll genug oder fehlerbesetzt. WARUM?

Lösen Sie sich doch bitte einmal von der Vorstellung, nicht gut genug zu sein und geben Sie sich der Fantasie hin, dass die Männerwelt zu schüchtern ist, um Sie anzusprechen. Ein Mann hat beispielsweise Versagensängste. Warum sollte er die Top-Frau

ansprechen und eine Erschütterung seines Egos durch eine Ab-
fuhr riskieren? Er geht auf Nummer sicher und flirtet ein bis zwei
Ligen unter dem, was er sich eigentlich wünscht. Sind Sie als Frau
jemals auf die Idee gekommen, dass Sie alleine dastehen, weil Ihr
Gegenüber zu schüchtern ist, um auf Sie zuzukommen? Die
meisten Frauen beißen sich an ihren Defiziten fest und bescheren
sowohl Psychotherapeuten als auch Schönheitschirurgen gut
gefüllte Geldbeutel.

**Starten Sie ein Experiment. Wenn Sie beim nächsten Mal
ausgehen, beschäftigen Sie sich nur mit der Vorstellung,
dass ein Mann es schwer hat Sie anzusprechen,
weil Sie der Jackpot sind.**

Und meine Herren, lösen Sie sich bitte von der Vorstellung, dass
Sie sich mit weniger begnügen müssen, als Ihnen lieb ist. Wenn
Sie ernsthaft die Frau Ihres Lebens suchen, dann fokussieren Sie
sich und blicken Sie in die richtige Richtung. Besinnen Sie sich
auf Ihre Stärken und riskieren Sie mal etwas. Sprechen Sie die
Frau an, mit der Sie sich ein Gespräch wünschen. Unterstützend
wirkt sicher der Film von Tennant (2005). Hier wird ein Mann
beschrieben, der in seinen jungen Jahren frauentechnisch eher
nicht vom Glück verfolgt war und der die Situation zu seinen
Gunsten ändert. Gleichzeitig hilft er anderen Männern dabei, die
Liebe ihres Lebens zu finden.

Brennaman beispielsweise liebt bedingungslos eine Frau, die
gesellschaftlich einige Stufen über ihm steht. Dadurch verhält er
sich bei jedem Kontakt, den er zu ihr hat, entweder unauffällig
oder idiotisch (Trennat, 2005). Eine Stärke hat Brennaman, die
ihn letztendlich dann doch zum Sieger macht. Er ist authentisch.
Auch wenn er nicht immer perfekt ist, überzeugt er durch seine
Ehrlichkeit. Beide Männer unterstützen sich in diesem Film und
profitieren voneinander, denn sie erfahren, dass es viele Schwächen gibt, die im Grunde genommen Stärken sind. Zu diesen
Aspekten gibt es übrigens zahlreiche wissenschaftliche Studien
für diejenigen, die sich lieber durch Fakten verfolgen lassen als

durch Hollywoodfilme. Nutzen Sie das Medium, welches Ihnen persönlich hilft, Ihre eigene Situation zu begreifen, anzunehmen, sich von ihr zu lösen und einen erfolgsorientierten Weg einzuschlagen.

Lösen Sie sich von den Vorstellungen, die Sie mit durch Ihr Leben schleppen und die Ihnen suggerieren, dass Sie in etwas nicht gut genug sind oder dass eine Situation misslingen wird. Genießen Sie die Inspiration, die Sie aus solchen Gedankengängen ziehen können. Verbinden Sie sich mit Ihrer persönlichen Stärke. Seien Sie Ihr eigener Wissenschaftler und ergreifen Sie jede Situation beim Schopfe, um leistungsstark Ihr persönliches Manifest zu feiern.

Charakterstärke, Verbindung und Loslösung bilden hier eine Linie. Sie können eine gewinnbringende Addition durchführen, die noch heute zu Ihren unmittelbaren Erfolgen führen wird. Lassen Sie mich davon wissen, denn die schönsten Geschichten schreibt das wahre Leben!

1.3   5 Tipps auf dem Weg zu einer starken Persönlichkeit

- Finden Sie Ihr Idealgewicht und behalten Sie dieses
- Folgen und vertrauen Sie Ihrer Intuition
- Bauen Sie Ihre Stärken schrittweise aus
- Erkennen Sie die Vorteile Ihrer Vielseitigkeit
- Definieren und ergreifen Sie für sich persönlich den Hauptgewinn

2.   Leistung im Sinne von Konfuzius

Ein frustrierter Superstar

Für die Welt hat Konfuzius eine unfassbar starke Aussagekraft. Er hat für ein Manifest gesorgt. Seit 1906 sind seine Lehren sogar im Konfuzianismus festgehalten. Achtung und Würde dem Anderen gegenüber stellen hierbei die entscheidende Ordnung hinsichtlich eines gelingenden Lebens dar und schließen auch den Respekt vor den Ahnen mit ein.

Der Philosoph Konfuzius, der im Original Kongzi genannt wird, lebte lange vor Christus (551–479 v. Chr.) und stellt bis heute die Werte der chinesischen Regierung (Zotz, 2008). Hierbei gelten Harmonie, Gleichmut und Gleichgewicht, welche durch Bildung erzielt werden, als erstrebenswert. Konfuzius war also mit seiner unübersehbaren und einmaligen Leistungsstärke zufrieden und glücklich? Leider nicht, denn er wurde zu Lebzeiten von vielen großen Herrschern abgelehnt. In seiner Zeit gab es wenig Einheit. Es herrschte die Macht von Krieg und Zerstörung. Konfuzius scheiterte mit seinen Ideen, so dass er im Alter unzufrieden mit sich selber gewesen ist. Sein unübertrefflicher Erfolg kam erst nach seinem Tod zum Tragen und untermauert seither das chinesische Denken ganzheitlich (Coldefy & Alvaresse, 2016).

Die Selbstkultivierung, die seiner Philosophie zugrunde liegt, umfasst wesentliche Kernideen sowohl zur Persönlichkeits- als auch zur Führungsentwicklung. Für Konfuzius leistet der unmittelbar Großes, der seine eigene Persönlichkeit im Zaum halten kann und diese Stärke einsetzt, um das Bestmögliche aus seinen Untergebenen herauszuholen. In seiner Schule bildet er unter diesen Gesichtspunkten Berater von Staat und Politik sowie hohe Beamte aus – und beschreibt bis heute mit seinen Idealen die adäquate Führungspersönlichkeit.

Die diesen Aufgaben zugrundeliegende Ideologie vermittelte Konfuzius als Meister. Dabei wurde er von seinen Schülern bewundert. In der Zeit seines Studiums sollte jeder Schüler fünf Bücher über Wandlung, Lieder, Urkunden, Riten sowie die Geschichte des Staates lesen und währenddessen edle Handlungsziele entwickeln, die er im Anschluss für sein Amt nutzen konnte (Coldefy & Alvaresse, 2016). Den Schülern Konfuzius war es wichtig, ihren Meister nachzuahmen. Diese ehrwürdige Lernform zeigte ihm als Meister die höchste Wertschätzung.

Für Konfuzius sind bleibende Werte von höchster Wichtigkeit. Dazu gehören ein soziales Verhalten und die Kultivierung der Persönlichkeit. Mit seiner heute so wichtigen Weisheit konnte er sich zu Lebzeiten nicht durchsetzen. Der Edelmut schien sich für die damaligen Herrscher, die auf Kampf setzten, nicht zu bewahrheiten. Alles was Konfuzius probierte, um politische Anerkennung zu erhalten, scheiterte, so dass er in seiner Todesstunde resigniert war.

Als Supervisor kenne ich das Gefühl, die besten Möglichkeiten zu erkennen und dem Gegenüber dennoch die Option offen zu halten, eine andere Wahrheit für sich zu wählen. Zahlreiche Führungskräfte wissen um die Begebenheit, um den Moment, in dem sie nur mit Druck Leistung erzeugen können. Diese mitunter schmerzhafte Demut ist ein wichtiger Punkt, um selber in der persönlichen Leistungsstärke zu wachsen.

Jede Mutter und jeder Vater kennt dieses Gefühl, das es so schwer macht, Kinder die eigenen Fehler durchleben zu lassen. Eigentlich könnte die junge Generation von den Fehlern der älteren Generation lernen und hätte die Möglichkeit, sich viel weiter zu entwickeln. Wenn aber Tipps gegeben werden, wird in einem solchen Fall häufig das Gegenteil erreicht. Ist es also besser in Ruhe darüber nachzudenken, was genau gesagt werden sollte, um die Weichen in die richtige Richtung zu stellen? Oder beginnt schon hier die Manipulation?

Freiheit für sich und für Andere ist das höchste Gut. Mündig Entscheidungen zu treffen und diese für sich umzusetzen, bezieht ein Scheitern mit ein, denn es gibt in der Tat Menschen, die aus dem Scheitern heraus einen Gewinn für sich ziehen. Es gibt natürlich auch das Gegenteil: Menschen, die an einer persönlichen Entwicklung interessiert sind und vielleicht nur ein bisschen Rückenstärkung brauchen.

Ich war überrascht, als mir klar wurde, dass Konfuzius als wirklich überragender Wissender mit sich selber unzufrieden war und konnte es kaum glauben. Er ist der Superstar der asiatischen Welt schlechthin. Seine Weisheiten wurden zunächst bei den Mächtigen überhört, dann aber in Stein gemeißelt, wieder in die Verbannung (70er Jahre) katapultiert, um schließlich eine tiefgreifende Auferstehung zu erleben.

Warum war Konfuzius verzweifelt? Er hätte durch seine Weisheit leistungsstark sein müssen und stolz auf seine Errungenschaften. Oder liegt die Wahrheit zwischen diesen beiden Extremen? Als jeweilige Momentsituationen betrachtet scheint es logisch, aus den Beobachtungen heraus ein Bild über das Leben von Konfuzius abzuleiten. Kommen aber solche Situationen nicht in jedem Leben vor? Sowohl seine Stärke als auch sein Versagensgefühl spiegeln einen Bruchteil des Ganzen wider. Konfuzius war ernüchtert.

»Fordere viel von dir selbst. Erwarte wenig von anderen.
So wird dir Ärger erspart bleiben.«

Wer war noch nicht verzweifelt bis auf die Knochen und dachte, dass die Situation sich niemals wieder dem Guten zuwenden kann? Wie viele prominente Beispiele kennen wir, von denen wir dachten, dass sie ein beneidenswertes Leben führen und die sich dann selber durch Medikamente oder selbstmörderische Verhaltensweisen um ein weiteres Leben gebracht haben? Marilyn Monroe, Roy Black, Amy Winehouse, Robin Williams und viele mehr.

Wir wissen alle, dass die Verbindung zwischen Genie und Wahnsinn sehr dünn ist und dass der, der hoch hinaufgestiegen ist, tief und hart fallen kann. Das wusste auch ein großer Mann wie Konfuzius.

Konfuzius wurde von vielen verehrt und seine Anhängerschaft war intensiv an ihm interessiert. Zahlreiche Menschen beteiligten sich daran, seine Lehren, die 13 Bücher umfassen, in Stein zu meißeln. Das geschah auf Geheiß des Kaisers Qian Long Shi Jing. So konnten sie nicht vergessen werden. Viele Aussagen, die Konfuzius gemacht hat, wurden abgedruckt (Analekten des Konfuzius) und dienen den Menschen auch heute noch, um in anstrengenden und herausfordernden Zeiten ihre Mitte nicht zu verlieren, sondern an Werten festzuhalten und leistungsstark das Beste von sich selber zu verlangen. Darauf sind die drei Lehren ausgerichtet.

Konfuzianismus, Buddhismus und Daoismus bilden gemeinsam die drei Lehren, die im 16. Jahrhundert durch den Missionar Ricci bis in die westliche Welt gelangt sind. Bei diesen religiösen Lehren geht es um eine gegenseitige Ergänzung. Der Konfuzianismus (verbindliche Staatsdoktrin während der Han-Dynastie, 206 v. Chr. – 220 n. Chr.) gilt als Wahrer und Mittler der chinesischen Tradition. Er umfasst eine praktische sowie moralische Philosophie. Darüber hinaus beschreibt er ein stringentes Ordnungsprinzip.

Kernaussage des Buddhismus sind die vier edlen Wahrheiten, die Buddha, der sich diesen 45 Jahre lang widmete, festschrieb. Als Siddhartha Gautama war er (560 v. Chr.) hochgeboren und wandte sich im Alter von 29 Jahren von allem Luxus ab, um die inneren Antworten wahrnehmen zu können. Die wunderbare Interpretation dieser Lebensgeschichte von Hermann Hesse (1982) hat mich schon als Jugendliche fasziniert und ich habe sie zahlreiche Male gelesen. Diesen Frieden außerhalb unserer verrückten und schnelllebigen Zeit zu finden, hat mich erfüllt und macht mich bis heute zufrieden. Die dabei alles entscheidenden Wahrheiten außerhalb des Kapitalismus zu verstehen und durchsetzen zu können, ergaben für mich schon als Kind eine unumstößliche Logik und Befreiung.

Zu Buddhas Wahrheiten gehören die Wahrheit vom Leiden, die Wahrheit von der Ursache des Leidens, die Wahrheit von der Aufhebung des Leidens sowie die Wahrheit vom Weg zur Aufhebung des Leidens (Nirwana), die den achten Pfad beschreibt. In ihm sind Handlungsmöglichkeiten zu finden, die das Erreichen des beschriebenen Zieles erleichtern. Zu diesem Pfad gehören die rechte Ansicht, das rechte Denken, die rechte Rede, die rechte Handlung, der rechte Lebenserwerb, die rechte Anstrengung, die rechte Achtsamkeit und die rechte Konzentration. Dieser Pfad ist eine Lebensaufgabe. Oft zu schnell vergessen und als Schwäche interpretiert. Im Grunde genommen stellt dieser Pfad aber eine hohe Form der Leistungsstärke dar, welcher nur die wenigsten Menschen gewachsen sind.

An dieser Stelle fallen mir die Seminare ein, die ich zu den oben beschriebenen Handlungsmöglichkeiten seit langem abhalte – und an den Unterschied zwischen Europäern und Asiaten. Die Europäer glauben, dass sie diese Wahrheiten und Handlungsmöglichkeiten einmal anhören und diese danach beherrschen. Die Asiaten wissen, dass die Erreichung dieser Ziele, das Erreichen des Nirwanas eine lebenslange Übung ist. Ausnahmen in beiden Nationen bestätigen natürlich die Regel.

Manchmal ist es schwer, mit der Ungeduld und der eingeschränkten Sichtweise von Europäern zurecht zu kommen, da ich selber die hier beschriebenen Wege bereits seit meiner Kindheit verfolge, mal besser und mal schlechter im Ergebnis. Natürlich gibt es auch einige Weggefährten, die verstehen, dass in Übung und Versenkung (Kontemplation) eine hohe Kunst verborgen liegt und sich auch in unserer hektisch und leistungsstark ausgerichteten Gesellschaft Zeit lassen. Sie müssen nicht alles sofort beherrschen. Diese Menschen streben eine hohe Form der unmittelbaren Leistungsstärke an. Mit ihnen kann es zu einem spannenden Austausch kommen. Es kann aber auch überraschend sein, dass sie so tief im Versenken verstrickt sind, dass sie den Weg völlig aus den Augen verloren haben und sich leider in einem neuen Wahnsinn verlieren.

Das Gleichgewicht, die Geduld und eine klare Disziplin sind entscheidend.

Das gilt auch für die dritte der drei Lehren, den Daoismus (Taoismus). Hierbei gilt es das Leben auf die Gesundheit sowie ein langes Leben auszurichten und sich dabei an der Natur zu orientieren. Der Begründer Laotse (Laotsi, 6. Jahrhundert vor Christus) beeinflusst heute zahlreiche Bereiche des chinesischen Lebens wie Politik, Wirtschaft, Philosophie, Literatur, Kunst, Musik, Medizin, Ernährungslehre, Chemie, Kampfkunst und Geographie. Zugrundeliegende Ideen über Yin und Yang (die beiden Gegenpole), Qi Gong (die Lehre von der Energie und von der Arbeit mit der Energie) sowie Atemtechniken während der Meditation und Imagination oder auch die Alchemie (Naturphilosophie, die von Chemie und Pharmakologie abgelöst wurde) sind Ihnen vielleicht schon einmal begegnet und haben Sie zum Nachdenken angeregt. Vielleicht sind Ihnen aber auch eher die Worte Laotses vertraut?

»Ich habe drei Schätze, die ich hüte und hege. Der eine ist die Liebe, der zweite ist die Genügsamkeit, der dritte ist die Demut. Nur der Liebende ist mutig, nur der Genügsame ist großzügig, nur der Demütige ist fähig zu herrschen.«

Wodurch entsteht aber nun Leistung, wenn wir uns an den drei Schätzen oder sogar an den drei Lehren orientieren? Können Liebe, Genügsamkeit oder Demut zur unmittelbaren Leistungsstärke verhelfen? Sie schütteln vermutlich innerlich und vielleicht sogar äußerlich den Kopf und ich verstehe das. Liebe, Genügsamkeit und Demut werden nicht unmittelbar mit Leistungsstärke in Verbindung gebracht. Sie scheinen sogar konträr zu sein.

Wenn wir aber Leistung definieren als Prozess, der zu einem wünschenswerten Ziel führt und als Ergebnis gefeiert werden kann, werden wir vielleicht nachdenklich. Mit einem Gefühl der Selbstliebe sind wir selbstbewusst und zielorientiert. Wenn wir geliebt werden, fühlen wir uns geborgen und wenn wir verliebt sind, strotzen wir vor Kraft. Das alles sind Gefühle, die unmittelbare Auswirkungen auf unsere Leistungsstärke haben.

Genügsamkeit stellt sich ein, wenn wir zufrieden sind und uns nichts aus der Ruhe bringen kann. Wir sind in unserer Mitte und können von dort zielgerichtet agieren. Auch das ist eine entscheidende Ausgangssituation, um Erfolge zu erzielen. Wir sind in der Lage zu handeln und aktiv zu werden, ohne uns zu verausgaben. Wir sind sozusagen Langstreckenläufer und verfügen über die Ausdauer, die benötigt wird, um Erfolge überhaupt erzielen zu können. Wir sind durch ein Gefühl der Genügsamkeit leistungsstark und unermüdlich.

Der dritte Schatz, von dem Laotse sprach, ist die Demut. Er entdeckte für sich ein Gefühl, welches eine Haltung beschreibt, die befreiend wirkt, wenn sie in Verbindung mit den anderen genannten Tugenden auftritt. Demut heißt hinzunehmen, was nicht geändert werden kann und das ohne Überheblichkeit zu tun, was getan werden muss. Es geht bei diesem Aspekt darum, sich selber nicht so wichtig zu nehmen, sich selber nicht im Weg zu stehen und sich auf das eigentliche Ziel zu konzentrieren. Das ist eine Fähigkeit, die vielen modernen Menschen abhandengekommen ist.

Wir leben in einer Gesellschaft, die schnell und oft oberflächlich agiert. Instagram, Facebook und WhatsApp lassen uns keine Zeit. Wir können sozial scheitern, bevor wir persönlich wissen, dass wir eine gute Leistung vollbracht haben.

Viele Menschen sind getrieben von dem Gedanken, bloß nichts zu verpassen und ertrinken in einer E-Mail-Flut, die ihnen das Gefühl gibt, zu nicht mehr konzentriert arbeiten oder agieren zu können. Die Ablehnung durch einen Anderen kann diese Menschen genauso treffen wie damals Konfuzius – und dabei geht es bei vielen Kommentaren um nichts Entscheidendes. Es kann sein, dass die Krawatte schief saß oder das Kleid nicht gut gesessen hat. Das reicht, medial unten durch zu sein. Die eigentliche Leistung ist oft unwichtig. Heute zählen Urteile von anderen Menschen, die sich irgendwo auf der Welt befinden. Diese Menschen entscheiden vom Sofa aus und aus dem eigenen Kokon heraus, wer, was, wie zu tun hat. Das ist eine neue Form des Drucks, die oft in einer unbeschreibbaren Masse auftritt.

Wie ist Konfuzius mit seiner Situation umgegangen? Wie können wir heute noch von ihm als einer Säule der drei Lehren lernen? Was nützen uns gegenwärtig Moral, praktische Philosophie und Ordnung? Wozu sollten wir uns um Stringenz bemühen?

Die erste, wichtigste und in unserer Erziehung vernachlässigte Lehre, die sich hier ableiten lässt, ist die Anregung, dass jederzeit neu auf die drei Lehren zugegriffen werden kann. Ein Scheitern besagt nicht, dass nicht mit neuen Vorsätzen begonnen werden kann. Leben ist Entwicklung.

Das Gefühl keinen Ausweg mehr zu erkennen, ist das alles entscheidende Gefühl. Es kommt nicht auf den einen Moment an, sondern darauf, was wir aus diesem Moment machen. Hier liegt sogar ein Vorteil unserer schnelllebigen Zeit. Dinge, die heute eine persönliche Katastrophe darstellen und breit diskutiert werden, spielen morgen keine Rolle mehr. Ein Scheitern kann zu jedem Zeitpunkt wieder verwandelt werden, wenn moralische Grundsätze auch sich selber gegenüber wieder angewendet werden, wenn die praktische Philosophie zu persönlicher Weisheit einlädt und wenn eine klare Ordnung Dinge sortiert und Probleme relativiert werden.

2.1 Lebenszeit

Wir haben dieses eine Leben

Ein Leben zur Verfügung zu haben, fühlt sich interessant an. Egal, welcher Religion wir angehören und wie die Ideen für die Zeit nach unserem Tod beschrieben werden, in einem sind sich alle einig. Das jetzige und gegenwärtige Leben endet mit dem Tod. Nach Vollendung unseres Sterbens wird unser Körper in festgelegten Ritualen bestattet. Bis dahin haben wir, egal, ob wir Buddhist, Christ, Moslem, Hindu, Atheist, Agnostiker oder etwas anders sind, die Aufgabe, uns und unserem Nächsten das Bestmögliche zukommen zu lassen.

Darüber, was das Bestmögliche ist, scheiden sich natürlich die Geister, aber es gibt einige Werte und Orientierungspunkte, die sich in jedem Denken wiederfinden. Bestmöglich ist es zum Beispiel, ein Zuhause zu haben. Als bestmöglich gilt es, in eine Gemeinschaft eingebunden zu sein. Auch gesund und finanziell abgesichert zu sein, gilt als erstrebenswert und sollte jedem Menschen möglich sein. Sollten Sie nur eine ideologische Ausrichtung kennen, die diese Grundelemente nicht für sich und andere anstrebt, teilen Sie mir das gerne mit. Einen Verweis auf meine E-Mailadresse finden Sie am Ende dieses Buches.

Ich philosophiere, seit ich denken kann. Angeregt durch bestimmte Schicksale, welchen die Menschen um mich herum ausgesetzt waren, versuchte ich, das Muster hinter all dem zu entdecken. Es interessierte mich, wie sich die Leben aufgrund bestimmter Entscheidungen und aufgrund von Herausforderungen entwickelten. Zunächst sammelte ich meine Erfahrungen in einem christlichen Umfeld, reiste dann lange Zeit quer durch die Welt und erfuhr mehr über den Buddhismus, Hinduismus, Islam, die Methodisten und kleinere religiöse Ausrichtungen und ihre Anhänger.

Eines kann ich Ihnen schon an dieser Stelle sagen. Die Menschen, die einer religiösen Ausrichtung folgten, sahen in allem, was geschah, einen Sinn oder gaben diesem eine Bedeutung. Ich spreche nicht von Fanatikern, denn diese gibt es leider auch in jeder dieser Ausrichtungen. Fanatiker verstehen das Universum und die dahinterliegende Ordnung, das Geschenk eines friedlichen Miteinanders nicht und sind noch weit entfernt von der alles umfassenden Wahrheit.

Ich spreche von den Menschen, die ihr Leben etwas Größerem gewidmet haben als sich selbst oder ihrem Besitz. Sie strahlen Frieden aus. Natürlich nicht in jeder Sekunde ihres Lebens, sondern im Großen und Ganzen. Sie haben Augen für die Dinge, die um sie herum geschehen und bemühen sich um positive Veränderungen. Sie folgen einer Sehnsucht, nehmen diese ernst und setzten sie so gut wie möglich um.

Wissen Sie, von welcher Sehnsucht wir hier sprechen?

Sehnsucht nach Leben und Liebe. Schnsucht nach Aufmerksamkeit. Sehnsucht nach Anerkennung. Das sind die wesentlichen Kernelemente, die erfüllt sein müssen, um einen Lebenden glücklich zu machen.

Als Säugling erleben die meisten Menschen die Erfüllung ihrer Sehnsüchte. Auch im Kindesalter ist das für die meisten Mensen der Fall. Sollten Sie zu der Minderheit gehören, die immer noch viel zu zahlreich ist, wissen Sie, dass eine Nichterfüllung dieser Sehnsüchte im Säuglings- und Kindesalter Narben für den Rest des Lebens hinterlässt, die kaum zu heilen sind. Sie sind dann in Ihrem Selbstwert erschüttert und oft orientierungslos oder hart. Es ist dann eine große Aufgabe, diese Wunden zu heilen.

Wurden aber Ihre Sehnsüchte erfüllt, sind Sie stark, schön und erfolgsorientiert. Sie partizipieren und nutzen Ihre Kreativität, um Wunderbares zu erreichen. Natürlich erleben auch Sie Tiefpunkte. Das gehört zu einem Leben wie die Luft zum Atmen. Sie haben aber nie Ihre Mitte verloren, ohne diese wiederzufinden. Sie nutzen Ihre Lebenszeit und sorgen sich nur wenig, denn Sie wissen, letztendlich wird alles immer irgendwie wieder gut. Und das wünschen Sie sich nicht nur für sich selber, sondern auch für die Menschen, die mit Ihnen gemeinsam diese Welt bewohnen.

2.2 Bedeutung

Sinnerfüllung über den Tod hinaus

2003 – Sonne – ich sitze am Rhein und entspanne, sehe einen Mann auf der leeren Wiese entlangschlendern und beachte ihn weiter nicht. Die Schiffe ziehen ihre Bahnen und alles ist im Einklang, einfach gemütlich. Plötzlich schrecke ich auf, denn der Mann, der eben noch in der Ferne lief, steht neben mir. Oh nein, denke ich, vorbei mit der Ruhe. Er lädt mich in seine Moschee ein. Ich blicke auf, danke und lehne ab.

Da beginnt er ein Gespräch mit mir über Mohammet und den Sinn des Lebens. Ich lächle, lausche auch eine Weile, möchte aber letztendlich meine Ruhe, denn die ist so selten bei all der Arbeit. Ich möchte das Gras unter mir spüren und der Sonne folgen, die mein Gesicht verwöhnt.

Nach meinen kleinen Tagträumen bin ich beinahe überrascht, dass der Herr noch immer bei mir weilt und mir vom Islam berichtet. Langsam muss ich lachen, denn ich erinnere mich an ähnliche Auftritte von Bibeltreuen oder Sektenanhängern, die mich in der Kölner Innenstadt, in Mühlheim oder auch vor meiner Haustür angesprochen haben. Will der Mann mich bekehren, schießt es mir durch den Kopf?

Ich betrachte ihn aufmerksam. Leicht schlaksiger Anzug, Schultern nach vorn geneigt, ein farbloses Gesicht. Nein, er sieht nicht aus wie jemand, der mich bekehren möchte. Warum sollte er auch am einsamen Rhein entlanglaufen, wenn das sein Ziel wäre?

Was um alles in der Welt will er aber von mir? Ich komme nicht dahinter. Er schweigt, blickt gemeinsam mit mir auf den Rhein und sagt leise, dass er sterben wird. Wir blicken uns an. Zwei Fremde auf den Rheinwiesen, von denen der eine die Botschaft in den Raum stellt, dass er sterben wird. Was soll ich sagen? Es tut mir leid, was kann ich tun? Braucht er etwas? Nein, ich bin zu lange in der Sterbebegleitung tätig, als dass ich nicht weiß, worum es geht.

Ich höre ihm zu – und ein wenig frage ich mich, was ich mich seit Jahrzehnten frage – warum kann ich nicht einfach mal frei haben? Was ist meine Aufgabe hier auf dieser Welt und wann bekomme ich Entspannung? Na gut, die andere Frage könnte lauten – woher weiß dieser Mann, dass er mir seine Geschichte erzählen kann und diese gut bei mir aufgehoben ist?

Der Rheinwiesenmann erzählt mir, dass er schwer erkrankt ist und Angst hat. Er ist zwar lebenslang religiös gewesen, aber hat die erlösende Botschaft nicht begriffen. Er hat Angst davor, nach seinem Tod leiden zu müssen, um seine Sünden zu büßen. Ich kenne diese Ängste bei Menschen jeder Religion, bin aber selber durch Taizé geprägt. Dort geht es um einen liebenden, gütigen Gott. Einen Vater, der seine Kinder liebt und annimmt, so, wie sie sind, in all ihrer Verwirrung, ihrem Schmerz und ihrer Fehlerhaftigkeit.

Ich blicke auf den Mann, der sich neben mir befindet und stockend seine Geschichte erzählt. Ich blicke ihn an und sehe Angst, Schmerz und Wehmut in seinen Augen. Und ich sage ihm:

»Gott ist gütig.«

Wie komme ich jetzt darauf? Woher nehme ich die Gewissheit, einem fremden, sterbenden Menschen diese Worte zu sagen – und es ist, wie so oft in meinem Leben. Diese Worte sind auf meiner Zunge wie dorthin gelegt. Mit Sicherheit und Klarheit schaue ich ihn an. Habe ich das Recht, solche Worte zu sprechen? Wer bin ich? Ich bin kein Priester, ich bin keine Gelehrte und ich bin niemand aus der islamischen Gemeinde, die dieser Mann kennt.

Aber er hat mich gefragt. Während ich apfelkauend auf einer Wiese am Rhein saß und die Schiffe beobachtet habe. Er ist zu mir gekommen. Er hat mir seine Not eröffnet und mir Worte gesagt, die er sonst vielleicht für sich behält. Die Ängste und Abgründe, die sich in einem selbst befinden, erzählen sich für viele Menschen leichter demjenigen, der ein Fremder ist.

Bei dieser Begegnung geht es aber um noch mehr, als darum, seine Sorgen abzuladen. Es geht darum, eine Antwort zu finden, und zwar unter Zeitdruck, die ein Leben lang offensichtlich nicht stabil genug gefunden wurde. Bilder ziehen an meinem inneren Auge vorbei. Bilder von sterbenden Menschen, Bilder von Sterbebegleitungen, die ich bei Kindern unterstützt habe. Kinder sterben leichter. Sie wissen um die Güte Gottes und um das Paradies, welches auf uns wartet. Sie sind sich sicher und haben keine Zweifel. Eher haben sie Sorgen, was aus ihren Familien wird. Egal, welcher Religion ein sterbendes Kind angehört – es weiß um die Güte Gottes und um seine Liebe. Sterbende Kinder haben mich viel gelehrt über diese Grundbotschaft und mich sehr oft tief berührt.

Ich blicke auf. Der Mann ist noch da. Er wartet, fängt meinen Blick auf und fragt mich, ob ich mir ganz sicher bin, dass Gott gütig ist. Ich blicke ihn an, spüre in mich hinein, begreife die Situation und sage ihm, dass ich mir ganz sicher bin. Seine Augen füllen sich mit Tränen. Er nickt. Dann dankt er mir, richtet seine Schultern auf und verabschiedet sich.

2.3   7 Schritte für nachhaltige Leistungsstärke

- Bleiben Sie Ihren Überzeugungen treu
- Nehmen Sie Ihre persönliche Selbstkultivierung ernst
- Beschäftigen Sie sich mit den Biographien Ihrer Vorbilder
- Formulieren Sie bleibende Werte und leben Sie danach
- Öffnen Sie sich dem Gefühl der Demut
- Setzen Sie sich für die Freiheit von sich und anderen Menschen ein
- Bleiben Sie zu jeder Zeit in Ihrer persönlichen Mitte

3.   Beruflicher Erfolg als Entscheidung

Wer definiert Erfolg?

Als ich mich für den Beruf der Kinderkrankenschwester entschied, war ich sehr jung. An die Beweggründe erinnere ich mich gut. Ich weiß, was mir dieser Beruf gegeben hat, was ich gelernt habe, wie ich gereift bin, wie oft ich gelitten oder mich begeistert habe. Ich erinnere mich daran, dass ich müde war, mitunter sogar erschöpft und ich weiß immer noch, welche Leidenschaft ich diesem Beruf entgegenbringe und wie wunderbar es sich anfühlt, durch die Kraft und Intelligenz der eigenen Hände Menschen ein Gefühl von Glück und Entspannung geben zu können.

Ich weiß, wie wundervoll es ist, einige Zusammenhänge zwischen Körper und Seele, zwischen Krankheit und Genesungsmöglichkeiten zu erkennen, und bis heute umsetzen zu können. Grenzen zwischen Leben und Tod sind mir vertraut und ich kenne das Gefühl, wie ein Leben durch meine pflegenden Hände rinnen kann, ohne dass ich im Stande bin, irgendetwas dagegen zu tun.

Oft wurde ich gefragt, wie es sein kann, dass ich das Schicksal sterbender Kinder aushalten kann. Und damals wie heute sage ich, dass das Einzige, was ich tun kann, ist, diesen Moment professionell zu begleiten, damit er vielleicht ein klein wenig erträglicher wird. Ich habe die Krankheit nicht ausgelöst. Dass, was ich tun kann ist, die Schmerzen ein wenig zu lindern und den Fokus auf das Gute in diesem Moment zu lenken. Die unbeschreibliche Nähe, den Stillstand der Zeit, die Bedeutungslosigkeit aller Sorgen der Welt und das Spüren im absoluten Hier und Jetzt.

Das soll natürlich nicht heißen, dass ich nur einem einzigen Menschen, nur einem einzigen Kind, nur einer einzigen Familie ein so schier unerträgliches Leid wünsche. Dass, was ich tun kann – und was Millionen von guten Pflegekräften weltweit tun, ist, da zu sein, auszuhalten und in Stille und Professionalität zu unterstützen.

Ich erinnere mich an einen Nachmittag 1996. An diesem Tag traf ich mich mit Freunden und ließ alle zu einem Zoobesuch ihre Kinder mitbringen, denn ich wollte baden. Baden in dem Glück, diese zahlreichen, gesunden und unbeschwerten Kinder beim Toben und Lachen zu beobachten, denn ich hatte zu diesem Zeitpunkt das Gefühl, dass mir alle Kinder irgendwie wegsterben. Ich wollte im Zoo das Wunder des Lebens sehen und mich daran erinnern, dass die meisten Kinder auf der Welt gesund sind. Ein solches Glück – beinahe unbeschreiblich!

Ich habe dieses Glück auch erlebt, als ich bei einer Geburt dabei sein konnte. Es war wie der Tod umgekehrt. Der Sieg des Lebens über den Tod.

Ich stand 1993 an einer Ecke im Kreißsaal. Schmerzen zeichneten das Gesicht der Gebärenden. Der werdende Papa hielt ihre rechte Hand und tat alles, um tapfer zu sein. Unten kämpften die Hebamme und die diensthabende Ärztin um Mutter und Kind, denn die Geburt wies einige Komplikationen auf. Alle gaben ihr Bestes und ich war gebannt und beinahe angefroren. Die Mutter schrie. Und das Kind kam auf die Welt, leblos, blau, schlaff. Als es seinen ersten Atemzug machte, füllte der Körper sich mit pulsierendem Leben und mit Kraft. Die schreiende, zarte Stimme des Neugeborenen erfüllte die Mama mit Glückseligkeit und meine Augen mit Freudentränen. Oh mein Gott – so etwas erleben zu dürfen – eine absolute Erfüllung.

Wodurch zeichnet sich der berufliche Erfolg einer Kinderkrankenschwester aus? Durch das Gefühl von Glück und dadurch, das Richtige zu tun. Ja, das ist der Erfolg und die Erfüllung einer exzellenten Pflegekraft.

Als Jungschwester bereiste ich zahlreiche Länder und unterstützte soziale sowie pflegerische Projekte und lernte viel über

Menschen, über Lebenssituationen und über Erfolg. Ich erinnere mich an eine Situation in Indonesien, die sich 1994 zutrug. Ich war in meiner Unterkunft auf dem Krankenhausgelände, als ich aufgeregte Stimmen hörte. Ich musste sofort mitkommen. Wir rannten durch das riesige, tropische Gelände. Vorbei an der Kinderstation, auf der mein eigentlicher Platz war, bis hinunter zur Geburtsstation.

Eine junge Frau, die tagelang in den Bergen unterwegs zum Krankenhaus gewesen war, weil sie Hilfe brauchte und es dort nicht wie in Deutschland Rettungswagen, Versorgung oder Unterstützung in jeder Situation gab, lag apathisch auf einer schlichten Liege. Aus ihrem Unterkörper ragte ein kleiner Arm heraus. Ihr Baby. Seit mehreren Tagen ragte dieser Arm aus ihr heraus. Das Kind war tot. Auch ein unvorstellbar großer Schmerz. In Deutschland unvorstellbar, eine solche Situation tagelang ertragen zu müssen. Wir vergessen zu oft, dass Dinge, die für uns unvorstellbar sind, in anderen Teilen unserer Welt Alltag sind.

Die Frau, deren Kind tot in ihr feststeckte und von dem nur der leblose Arm zu sehen war, wusste, dass es jetzt um ihr Leben ging. Das tote Kind musste irgendwie aus ihrem Körper heraus. Das entstehende Leichengift durfte nicht in ihre Blutbahn gelangen, sonst wäre sie an einer Sepsis (Blutvergiftung mit Organversagen) gestorben. Ich war zu diesem Zeitpunkt 22 Jahre alt und von der deutschen Zivilisation sozusagen abgeschnitten. Es gab kein Internet und das nächste Telefon war eine Tagesreise entfernt. Als ich dort im Kreißsaal stand, Pritschen und kahle Ziegelsteine sah, nach außen die Öffnung wahrnahm (die obere Reihe der Ziegel ließ zur Belüftung einen Luftstrom im Krankenhaus zu), blickte ich entsetzt auf die Situation, die sich mir bot. Was konnte ich tun? Was sollte ich leisten? Woher sollte ich die Kraft nehmen?

Ich konnte gar nichts tun. Um seelsorgerische Begleitung zu geben, war ich zu diesem Zeitpunkt zu überwältigt. Wir brauchten die Ärztin. Im gesamten Krankenhaus, welches übrigens das einzige auf dieser 13.540 km² großen Insel war, hatten wir eine einzige Ärztin. Und die kam nicht. Ich war hilflos und entsetzt. Was sollte das alles? Es dauerte etwa 9 Stunden, bevor die Ärztin zu der betroffenen Frau kam. Ich war jung. Ich war wütend. Ich tobte so laut in mir, dass ich nach außen immer stiller wurde. Ich sah nichts mehr und bewegte mich nicht koordiniert. Ich war einzig und allein fassungslos.

Später erfuhr ich, dass unsere Ärztin nach einer langen Operation schlafen musste, um die Situation mit der Totgeburt zu verkraften. An dieser Stelle ein übergroßes Dankeschön, denn zahlreiche Ärzte, Pflegende, Notfallretter, Sanitäter und Ehrenamtler sind weltweit unterwegs, um uneigennützig zu helfen und sich Situationen auszusetzen, die sich ein deutscher Bürger nur sehr, sehr, sehr schwer auch nur ansatzweise vorstellen kann.

Die Frau, die letztendlich ihr totes Kind gebären musste, erlebte die Qualen einer Geburt, ohne im Anschluss von Glückshormonen überwältigt zu sein. Auch in Deutschland erleben Frauen regelmäßig solche Qualen und behalten die damit verbundenen Gefühle für sich. Gefühle, die sich zu oft in psychischen Erkrankungen entladen und für die ein Ehemann, eine Freundin oder eine Schwägerin ein Ohr haben müsste, denn vergrabene Gefühle sind krankmachende Gefühl.

Des Weiteren hatte die Frau aus den Bergen keine soziale Absicherung. So erging es allen, die in dem dortigen Krankenhaus behandelt und versorgt wurden. Ich danke an dieser Stelle den Menschen, die durch ihre Spenden wirklich arme Menschen unterstützen. Danke!

Ich selber habe zahlreiche Stoffe aus dieser Region. Es ist nämlich so, dass die Krankenhausrechnung bezahlt werden muss. Niemand möchte Bittsteller sein, sondern lieber Händler. Das heißt, dass ich Stoff über Stoff kaufte und so die Familien ihre Schuld beim Krankenhaus abtragen konnten. Diese Menschen sind dankbar, fleißig, drahtig und haben immer etwas zu geben. Sie lachen schnell wieder und nehmen das Leben dankbar an. Mit 22 Jahren aus einer Welt des Überflusses kommend war und bin ich bis heute tief bewegt von diesen Menschen. Ich wäre so dankbar, wenn wir in einer Kultur leben würden, in der endlich die Menschen aus ärmeren Ländern Zuflucht finden in den Ländern, die vor lauter Luxus nicht mehr wissen, wie gut es ihnen geht. Wir könnten voneinander so unendlich viel lernen.

Ich danke meinen Eltern, dass sie mir diese Lebenszeiten ermöglicht haben und ihre eigenen Ängste um meine Gesundheit aushalten konnten. Sie sind so interessiert an dieser Welt. Durch all die Liebe und Aufgeschlossenheit habe ich viel von ihnen gelernt. Sie haben sich meinen Erfahrungen geöffnet und diese von mir mitgenommen.

Beruflicher Erfolg bedeutet aber noch mehr. Es geht darum, sich und seine Familie ernähren und absichern zu können. Es geht darum, Erfüllung zu finden und sich ausleben zu dürfen. Als wichtig empfinde ich es, dass Weiterentwicklung, geistiges und emotionales Wachstum möglich ist. Das versuche ich meinen heutigen Studierenden mit auf den Weg zu geben.

Wer eine hohe Position inne hat oder in einem helfenden Beruf tätig ist, vom Handwerker bis hin zum Akademiker, wird im Berufsalltag nur noch selten überprüft. Es geht darum, sich selber moralische Ziele zu setzen und diese bewusst umzusetzen.

Wir müssen unseren Kindern und jungen Erwachsenen beibringen, sich eine Meinung zu bilden. Dabei müssen sie nicht unweigerlich unsere Meinung haben, sondern ihre eigene Meinung sinnvoll begründen und argumentieren können. Bei allen zeitlichen und inhaltlichen Kürzungen der beruflichen oder akademischen Ausbildung ist es wichtig, dass Raum ist, um die Seele reifen zu lassen. Ein Theater- oder Museumsbesuch, ein klassischer Literat oder die Sätze großer Biographen müssen Raum haben in der schulischen Ausbildung unserer Kinder. Sie müssen genau wie wir das Recht haben, sich in den klassischen Büchern zu verlieren und das Gefühl von Sinnlosigkeit und genervt sein erleben dürfen, wie auch wir es getan und währenddessen bedeutungsvolle Dinge gelernt haben.

Unsere Kinder müssen es lernen, Visionen zu haben, Träume umzusetzen und ihre Fähigkeiten zu nutzen. Nur so ist es möglich, als Gesellschaft eine positive Entwicklung zu durchlaufen und nicht am demografischen Wandel zu verzweifeln. Unsere Kinder haben große Aufgaben vor sich. Die Art, wie sie diese lösen werden, wird auch uns betreffen. Ihre Interpretation von Erfolg wird Auswirkungen auf unsere zukünftige Gegenwart haben.

Eine Seele, der es nicht möglich ist, sich zu entfalten, wird eine tote Seele, denn das Leben ist oft rau. Es geht nicht ausschließlich darum, als Kind im Sport Erfolge einzufahren. Es geht darum, Lebensfreude zu entwickeln und diese nutzen zu können, wenn Ressourcen im Leben gebraucht werden.

3.1 Verantwortung

Herzlich willkommen

Wer möchte verantworten, was mit einem anderen Menschen geschieht? Ist ein politisches System dafür zuständig, den Menschen ihre freien Entscheidungen abzunehmen? Nein, natürlich nicht. Wir sind froh, dass dieser Irrsinn zumindest streckenweise hinter uns liegt, auch wenn es weltweit leider viele Regimes gibt, welche die Freiheit der Menschen einschränken.

Warum vermissen manche Menschen in Deutschland tatsächlich noch die Mauern der Deutschen Demokratischen Republik oder sind davon überzeugt, im Kaiserreich zu leben? Ja, ich war auch überrascht, als ich von sogenannten Reichsbürgern hörte. Das

Hier und Jetzt bietet uns Freiheit und so vieles mehr. Wir haben die Möglichkeit zu partizipieren und jederzeit unsere Meinung zu äußern. Das ist ein Luxus, den wir bewahren und verteidigen müssen.

Warum ist es so schwer, uns dankbar zu äußern?

Ich hatte in der Schule eine Lehrerin, die uns lehrte, dass Menschen sich zu selten bedanken. Und diese Aussage ist mir nicht nur bis heute in Erinnerung geblieben, sondern sie stimmt leider nach wie vor. Haben Sie auch schon einmal die Erfahrung gemacht, dass Sie nach einem Aufenthalt im Ausland am Flughafen in Deutschland entspannt aus dem Flieger gestiegen sind, beseelt von den Erlebnissen der letzten Zeit und dann getroffen waren, als Sie die Gesichter der Menschen in unserem schönen Land gesehen haben?

Was ist hier los? Wir leben in einem der reichsten und freiesten Länder der Welt und haben so viele griesgrämige Gesichter um uns herum. Das muss nicht dauerhaft so bleiben! Einen anderen Menschen anzulächeln, kostet Sie nichts. Zu lächeln dauert nur einen Bruchteil einer Sekunde und verändert für Ihr Gegenüber manchmal den ganzen Tag oder sogar eine längere Zeit. Das Spannende dabei ist, dass Sie beim Geben nichts verlieren, sondern in der Tat auch noch gewinnen, denn beim Lächeln nutzen Sie 43 Muskeln (Lohrberg, 2016). Das heißt, dass Sie sogar viel für Ihre eigene Gesundheit tun, wenn Sie jemanden anlächeln. Sie können sogar als Egoist etwas nahezu Altruistisches tun, ohne Ihren Status als Egoist einzubüßen. Das ist ein fantastisches und nahezu einmaliges Prozedere.

Lächeln befreit!

Was glauben Sie, wie oft am Tag lächeln Sie? Wie oft lächelt der durchschnittliche deutsche Erwachsene und wie oft lacht ein Kind? Ein Kind lacht 400-mal am Tag – und ein durchschnittlicher Erwachsener nutzt diese wunderbare Entspannungstechnik für sich etwa 15-mal am Tag (Straßmann, 2011). Dabei erhellt Lachen nicht nur die Seele, sondern es sorgt auch für ein gemeinsames Vorankommen.

Wenn Sie beispielsweise in einer angespannten privaten oder beruflichen Situation feststecken und es Ihnen gelingt, einen gepflegten Humor zu platzieren, dann wird sich die Anspannung verändern und Sie werden miteinander eine Lösung finden. Dieses Verhalten kommt methodisch betrachtet aus der Agogik. Es handelt sich hierbei um ein professionelles leiten und begleiten einer Gruppe (Sitzenstuhl, Scherpner & Richter-Markert, 2008). Der Ursprung agogischen Handelns liegt in der Musik. Hierbei geht es um die Kunst der Veränderung. Das Tempo wird angepasst und ermöglicht neue Wahrnehmungen.

Sie können sich nach einem entspannten Lächeln wieder konzentrieren und die Verantwortung für Ihre Leistung übernehmen. Sie können stolz auf Ihre wohlwollende Leistung sein, die Sie für die ganze Gruppe umgesetzt haben.

Konzentration gerät bei den Menschen der heutigen Zeit oft in Vergessenheit. Zahlreiche Teilnehmer meiner Trainings fragen mich, wie sie sich wieder konzentrieren sollen. Es piept und blinkt, es vibriert und klingelt wieder und wieder und wieder. Digitalisierung nimmt überhand und Unterbrechungen einer Tätigkeit durch Ablenkung und dauernde Erreichbarkeit sind normal geworden. Neueste Studien zeigen, dass ein konzentriertes Arbeiten für viele Menschen nicht mehr möglich ist, da die Technik eine permanente Erreichbarkeit ermöglicht (Strobel, 2013). Das, was zu Zeiten von Telefonzellen eine große Entlastung war, mündet aktuell in neue Krankheitsmodelle und minimiert die unmittelbare Leistungsstärke massiv, so dass wirtschaftlich betrachtet Produktionsausfälle entstehen in einer Höhe, die nur geschätzt werden kann. Stressbedingte Erkrankungen verursachen Produktionsausfälle in Milliardenhöhe (Chadasch, 2017).

Alle zwei Minuten kommt es bei der Arbeit eines durchschnittlichen Angestellten zu einer Unterbrechung. Und hier sprechen wir nicht von einer positiven Unterbrechung wie etwa aufstehen und zum Fenster schlendern, was in einem gewissen Maß Entspannung bringen würde, sondern einem Blinken, Klicken, Klingeln oder Summen, welches die Aufmerksamkeit auf sich zieht und die Konzentration unterbricht.

Sowohl Arbeitgeber als auch Arbeitnehmer leiden unter fortschreitender Erreichbarkeit und der damit verbundenen Entwicklung.

Ein Arbeitgeber zahlt für eine Leistung, die er nicht mehr erhält. Er fängt Ausfälle ab, die durch Überlastung entstehen und zu einer Arbeitsunfähigkeitsbescheinigung führen oder vielleicht sogar zu einer Langzeiterkrankung oder gar zur Frühverrentung eines Mitarbeiters. Der Arbeitgeber muss diese Ausfälle auffangen und seine Kunden dennoch zufriedenstellend versorgen, sonst ist er aus dem Geschäft raus. So einfach ist das. Die Anforderung sorgt bei vielen Arbeitgebern für unlösbare Kopfschmerzen und die Rechnung ist einfach. Entweder er schafft es oder der Kunde beauftragt jemand anderen. Punkt.

Eine Arbeit, die nicht konzentriert durchgeführt werden kann, hemmt nicht nur den Erfolg des Arbeitgebers, sondern auch die Zufriedenheit des Arbeitnehmers. Auch wenn eine Identifikation mit dem Arbeitgeber bei vielen Menschen nicht mehr möglich ist (Kurzzeitverträge, Überlastung, persönliche Demütigungen …), sollten Sie sich um Ihre persönliche Leistungsstärke kümmern.

Konzentriert zu arbeiten führt zu einem inneren Lächeln, denn man belohnt sich quasi selber mit dem Erfolg, zu dem das eigene Handeln geführt hat. Man hat eine Verantwortung für eine Aufgabe übernommen und war in der Lage, diese Verantwortung zu erfüllen, die gestellte Aufgabe zielgerichtet durchzuführen und seine Kompetenzen zu erweitern. Das gilt bei Kindern für kleine bis sehr große Aufgaben und für Erwachsene gleichermaßen.

> Gebraucht zu werden und die auferlegte Verantwortung
> erfüllen zu können, führt zu einer tiefen Zufriedenheit,
> die sich auf zukünftige Projekte auswirken wird.

Menschen brauchen Aufgaben, die sie verantwortungsvoll leisten können. Das gilt für jeden Menschen. Erwerbsfähigkeit ist ein Geschenk, Integration ist eine Pflicht und Verantwortung sich selbst und anderen gegenüber, befreit von vielen Sorgen und Grübeleien. Tun Sie sich selber und Ihren Mitmenschen etwas Gutes, indem Sie ihnen abverlangen, was sie auch wirklich leisten können. Motivieren Sie sie dazu, diese verantwortungsvolle Leistung erbringen zu wollen, damit sie das Manifest ihres Lebens aufbauen können.

3.2 Sicherheit

Illusion oder Garantie

Purpurner Sonnenaufgang, betrachtet aus einem meiner Bürofenster. Seit kurz nach fünf Uhr sitze ich bereits tippend an meinem Computer. Sowohl nahestehende Menschen als auch manche meiner Kunden wissen, dass das keine Besonderheit ist, sondern eher eine an mit Sicherheit grenzende Wahrscheinlichkeit, denn ich ziehe Konzentration und Leistungsstärke oft aus den Nachtstunden.

Bedenken wir, dass ich 40 Semesterwochenstunden im Studium belegt habe, einige Zusatzqualifikationen sowie ein Doppeldiplom erreicht habe. Hierfür habe ich Zeit gebraucht. Auch während meiner Dissertation, die ich selbstständig finanziert habe, nutzte ich sehr oft die intensive Nachtarbeit, um notwendige Leistungen bringen zu können, denn ich war über den ganzen Zeitraum meiner Promotion in Vollzeit berufstätig, um das Geld für mein Forschungsprojekt zu erarbeiten.

Die vollständige Nacht gehört noch immer mir. Aus Zeiten, in denen es in Pflegeberufen noch üblich war, sieben Frühdienste, sieben Spätdienste, sieben Nachtdienste zu leisten und dann sieben Tage frei zu haben, bin ich intensive Nachtarbeit gewöhnt. Natürlich kuschele ich mich auch liebend gern in mein Bett und genieße das süße Nichtstun. Wenn ich aber viel zu leisten habe, mag ich die Ruhe in der Nacht, bin morgens sehr zufrieden und genieße den purpurroten Sonnenaufgang bei einer gemütlichen Tasse Yogitee.

Der Spruch auf dem Teebeutel »Sei stolz darauf, wer du bist« lässt mich innerlich und äußerlich strahlen. Das ist sicher. Diese Sicherheit kann ich mir und meinen Mitmenschen geben.

Danach schaue ich zum zweiten Mal an diesem Tag mein Maileingang nach und schalte mich technisch im Anschluss daran ab – ich bin dann unerreichbar. Wunderbar. Konzentriert leiste ich dann entweder meinen Arbeitsauftrag ab oder nutze mein Büro, um schöne und bewegende Worte für Sie zu Papier zu bringen.

Sicher ist auch, dass ich Pausen einlege. Das habe ich in Klöstern gelernt. Eine Unterbrechung der eigenen Gedanken und der Arbeit schenkt neue Kraft und Energie. In jedem Fall bewege ich mich an der frischen Luft, höre Musik oder meditiere. Gerne nutze ich die Zeit auch für ein privates, vergnügliches Gespräch. Bei ausreichender Pausenzeit beanspruche ich für mich den Genuss, mich gesund zu ernähren.

Wie sieht Ihr Tagesablauf aus?

Haben Sie einen mit an Sicherheit grenzender Wahrscheinlichkeit ablaufenden Konzentrations- und Tagesablauf, um leistungsstark, unmittelbar und lebendig zu sein? Natürlich haben Sie recht. Nicht jeder Tag darf streng strukturiert sein. Auch gammeln,

Filme anschauen und Chips essen gehört zu einem leistungsstarken Leben dazu. Nur so ist langfristig beruflicher Erfolg möglich. Es kommt auf das Gleichgewicht an zwischen der aktiven Arbeit und dem Entspannen.

Bei der Betrachtung der heutigen Studierenden fällt auf, dass sich alles um Noten und Leistung dreht. Angetrieben von hohem finanziellem Druck und von dem Wunsch studieren zu können, gehen viele über ihre eigenen Grenzen hinaus. Trotzdem obliegt den jungen Menschen von heute die Aufgabe, nach ihrem Studium hohe Positionen einzunehmen. Sind die Studenten von heute den Herausforderungen der Zukunft gewachsen? Sicherlich werden sie es packen. Die Frage ist nur, zu welchem Preis.

Wo liegt die Sicherheit, die wir den jungen Menschen geben können? Wie können sie zwischen Illusion und Realität unterscheiden? Woher nehmen die jungen Menschen die Sicherheit, sich auf ihre Fähigkeiten zu verlassen?

Ich denke an das Konzept einer Hauptschule, über die im Fernsehen berichtet wurde. Die Schule hatte mit mangelnden Anmeldungen zu tun und stand kurz vor dem Aus, denn gegenwärtig zählen Abitur und Studium. Der Schulleiter übernahm nicht nur die Aufgabe, für die finanzielle Sicherheit seiner Schule und seines Teams zu sorgen, sondern sich auch um die Schüler zu kümmern. Er war davon überzeugt, das Ansehen seiner Schule wieder heben zu können und es ist ihm gelungen.

Er vertrat eine klare Position und verwies darauf, dass die Hauptschule nicht für eine akademische Laufbahn vorbereitet, sondern für eine Ausbildung im Handwerk. Er erläuterte zudem, dass die Fähigkeiten der Schüler in verschiedenen Bereichen zu suchen sind, denn nicht jeder hat Interessen oder Fähigkeiten, die in den akademischen Bereich gehen – und wie er betonte, das ist gut so, denn nur durch die Vielfältigkeit kann eine Gesellschaft mit Sicherheit für unmittelbare Leistungsstärke sorgen.

Als die Positionierung geklärt war, wurde es möglich, Optionen zu erarbeiten. Der Schulleiter sorgte dafür, dass seine Schüler vielen anderen Schülern voraus waren, denn er verband die schulische Bildung mit der praktischen Ausrichtung auf einen Lehrberuf. Im Alltag wurde den Schülern die Möglichkeit eröffnet, die Werkstatt aufzusuchen, welche im Schulgelände entstanden war. Dort schraubten die Schülerinnen und Schüler gemeinsam mit ihren Lehrern an alten Autos herum. Gleichzeitig schloss der Schulleiter einen Kooperationsvertrag mit den umliegenden Werkstätten. Das heißt, dass seine Schüler dort ein Praktikum absolvieren konnten. Und siehe da, ein klarer Wettbewerbsvorteil eröffnete den Schülern die Möglichkeit, einen Ausbildungsvertrag zu erhalten, denn sie waren deutlich besser qualifiziert als ihre Mitstreiter. Sie hatten Erfahrungsreichtum durch den schulischen Unterricht gewonnen.

Dem Schulleiter war gelungen, was vielen Menschen heute versagt bleibt. Er hat den Selbstwert der Schüler gesteigert, die Lebendigkeit der Lehrkräfte geweckt und tatsächliche Handwerksmeister zu Probestunden in seine Hauptschule eingeladen, die er mit Stolz präsentierte. Ein sagenhaft gutes Konzept wurde ins Leben gerufen und bietet heute neben einer Autowerkstatt auch einen Frisiersalon, um einen klassischen Frauenberuf anzubieten, so dass jeder Neigung seiner Schülerinnen und Schüler stattgegeben werden kann.

Durch diese konzeptionelle Arbeit steigt die Zahl der Schüler auf dieser Schule wieder an. Die Hauptschule zu besuchen ist kein Makel, sondern ein Privileg, so, wie es sein sollte. Mit Hochachtung ist den Schülern zu begegnen, die ihrer Leidenschaft folgen und wichtige Berufe ausüben. Die Gesellschaft hat sicherlich den Auftrag, für die Anerkennung der Handwerker und Dienstleister zu sorgen, um Attraktivität in diese Arbeit zu bringen.

Bei den Studierenden ist es heute oft so, dass sie nicht getrieben sind vom Hunger auf das Lernen, sondern ausschließlich Benotungen ihren Werdegang bestimmen. Sie brauchen aber Zeit, um sich mit Thematiken auseinanderzusetzen und ihre Persönlichkeit zu stärken. Dazu benötigen sie sowohl Lebenserfahrung als auch Vorbilder. Sie brauchen Erwachsene, die ihnen vorleben, dass Ehrlichkeit ein hohes Gut ist und dass Betrug bestraft wird. Diese Sicherheit besteht heute nicht immer.

Blicken wir beispielsweise auf die Straftat des Hochstapelns. Wie gehen wir damit um, wenn Menschen sich mit Berufsabschlüssen oder Dissertationen schmücken, die sie nicht selber verfasst haben? Begreift die Gesellschaft den Unterschied zwischen Wahrheit und Lüge?

Häufig wird das Gefühl vermittelt, dass diese Arten von Straftaten ein Kavaliersdelikt sind. Gesetze werden gebogen. Junge Menschen gewöhnen sich daran, dass im Fernsehen mal eben darüber berichtet wird, wenn Straftaten, Körperverletzungen, Misshandlungen stattfanden. Wir müssen unseren Kindern aber die Gewissheit geben, dass solche Straftaten nicht angemessen sind. Wir haben die Verpflichtung, ihnen ein moralisches Denken zu vermitteln. Das geht nur, wenn wir als Erziehungsberechtigte auch mal eingestehen, dass wir einen Fehler gemacht haben. Wir müssen den Kindern vorleben, was Gerechtigkeit ist und dass es Klarheit darüber gibt, was richtig ist.

Natürlich kommt es immer wieder auf die Spitzfindigkeiten eines guten Juristen an, ob Recht gleich Gerechtigkeit ist. Bei massiven Straftaten wie Mord erheben immer noch zu viele Menschen die Stimme, um die Todesstrafe einzufordern. Dazu möchte ich Folgendes zu bedenken geben. Egal, welcher Religion sie angehören: Töten ist verboten. Dazu gibt es in keiner einzigen Schrift eine andere oder vielleicht eine durchlässige Aussage, deshalb ist es mir unerklärlich, dass sich Länder als zivilisiert bezeichnen und gleichzeitig die Todesstrafe praktizieren. Es gibt unendlich viele Untersuchungen dazu, dass Urteile fehlerhaft waren (Amnesty International, 2017) und Menschen andere Menschen ausgelöscht haben – und das war ein unverzeihliches Versehen, auch wenn diese Menschen sagen, dass sie lediglich einen Befehl befolgt haben.

Und schon befinden wir uns in einer Zwickmühle, denn Befehle zu befolgen wäre im Grunde genommen richtig, da die Stelle, für die man eingestellt ist, dazu auffordert. Im Buch »Der Vorleser« (Schlink, 2010) wird diese Thematik behandelt. Michael Berg trifft auf Hanna Schmitz. Zwischen beiden liegen viele Jahre Altersunterschied. Dennoch freunden sie sich an. Michael erfährt Fürsorge und Hanna bekommt durch Michael Zugang zu Literatur. Eine mitunter sehr glückliche Verbindung. Eines Tages ist Hanna ohne ein weiteres Wort verschwunden.

Jahre später sieht Michael, der im Rahmen seines Jurastudiums einem Prozess beiwohnt, Hanna auf der Anklagebank und versteht die Welt nicht mehr. Er beginnt zu recherchieren. Hanna war SS-Mitglied und überzeugt davon, korrekt gehandelt zu haben, da sie Befehle befolgte und im Sinne ihrer Anstellung agiert hat. Sie wird inhaftiert, lernt lesen und beginnt schrittweise zu begreifen, was sie getan hat. Was denken Sie? Hanna hat enorme Schuld auf sich geladen. Hat sie den Tod verdient?

Die Argumentationslinie, dass manches Schicksal nur durch den Tod eines anderen Menschen gesühnt werden kann, geht für mich am Heilungsprozess vorbei, denn egal, was mit dem Täter geschieht, das Opfer und seine Angehörigen müssen ganz andere Wege gehen, um im Leben nach einer traumatischen Tat wieder zurechtkommen zu können. Hierzu bedarf es eines Verzeihens. Und dieses Verzeihen hat nichts mit dem Täter an sich zu tun, sondern damit, dass das Opfer und seine Angehörigen frei werden von der Tat und dem Täter nicht mehr den Raum geben, den er nicht verdient hat.

Eine traumatische Tat ist schlimm genug und verdient für das Opfer Mitgefühl. Der Täter sollte nicht die Macht haben und auch nach der Tat das Leben des Opfers bestimmen. Die Gefahr, dass etwas Vergleichbares geschieht, ist nicht größer als vor der Tat. Es gibt die Möglichkeit, sich von der Angst zu befreien und Handlungsmöglichkeiten zu erlernen. Auch ist es als Opfer wichtig zu erkennen, dass die Kontrolle im Opfer liegt. Kontrolle über das eigene Leben wieder zu erlangen, ist von großer Bedeutung. Kontrollverlust, Ohnmacht und der Totstellreflex, der vielleicht während der Bedrohung angewendet wurde, waren eine gute Überlebensstrategie. Viele Opfer haben sich intelligent verhalten. Das zu begreifen, kann Depressionen und Angstzustände neutralisieren.

Wenn die Straftat einem nahen Angehörigen oder dem eigenen Kind passiert ist, quälen sich Außenstehende mit Vorwürfen. Auch hier ist Heilung notwendig, um im Anschluss zufrieden leben zu können. Die Gewissheit, dass die Angehörigen natürlich alles getan hätten, um die Straftat zu vermeiden, ist selbstverständlich. Ja – Sie haben getan, was Sie zu dem jeweiligen Zeitpunkt tun konnten. Alles andere wussten Sie nicht.

Wenn ich schreibe, dass es im Anschluss an eine erlebte Straftat darum geht, dass Zufriedenheit erlangt wird, meine ich nicht damit, dass die vollständige Trauerspirale nicht durchlebt werden muss. Das tut weh. Das macht verzweifelt. Das ist pure Trauer.

Die Trauerphasen zu durchlaufen ist ein unabdingbarer Prozess, um letztendlich heilen zu können. Unsere Gesellschaft hat Angst vor seelischen Schmerzen. Stark trauernde Menschen, panische Personen oder hysterische Zeugen einer Straftat bekommen häufig Sedativa. Diese wirken beruhigend.

Was aber zu oft übersehen wird, ist, dass lediglich die äußere Ruhe eingeleitet wird, so dass die Umstehenden keine Panik oder Hilflosigkeit erleben müssen. Sicherlich gibt es einige Fälle, in denen dieser Schritt hilfreich ist. Zu viele Situationen und Menschen sind mir aber im Gedächtnis, die durch dieses Vorgehen den Schmerz nach innen gekehrt haben. Einige von ihnen haben nicht mehr den Mut, das Haus zu verlassen und zum Bäcker zu gehen. Der Schmerz und die Angst haben sich innerlich festgesetzt. Die daraus entstehenden und über Jahrzehnte anhaltenden Depressionen führen zu einer beruflichen Isolation, einer Frühverrentung und einem Schicksal, das viel zu viele Menschen weltweit erleiden.

Auch hier würde es andere Wege geben, wenn wir auf die Forschung Antonovskys blicken.

Natürlich ist im Roman »Der Vorleser« (Schlink, 2010) eine grauenvolle Epoche beschrieben, die Generationen von Menschen unermesslichen Schmerz beschert und die dazu geführt hat, dass ganze Familien über Generationen traumatisiert sind. Es ist nur schwer begreiflich zu machen, dass bei Familientreffen keine Großeltern, keine Tanten, Onkel oder Cousins anzutreffen sind. Oft ist nur ein einziger Verwandter übriggeblieben, der diesen Wahnsinn überstanden hat. Unfassbar sind die Gefühle beim Besuch des EL-DE Hauses mitten in Köln. Hier befanden sich eine Gestapodienststelle und ein Gefängnis (1935–1945). Seit 1988 ist hier das NS-Dokumentationszentrum der Stadt Köln und die furchtbaren Verletzungen sind spürbar.

Antonovsky untersuchte als Medizinsoziologe in den 1960er bis 1970er Jahren Frauen, die in Konzentrationslägern interniert waren (Wink, 2016). Warum waren 29% von ihnen trotz ihrer extrem traumatischen Erfahrungen psychisch gesund und in einem guten mentalen Zustand (Antonovsky, 1997)? Antonovsky hatte eine völlig neue Forschungsperspektive. Er fragte nicht danach, warum jemand erkrankt, sondern warum jemand gesund bleibt (Chadasch, 2017). Aufgrund seiner Ergebnisse konzentrierte er das Prinzip der Salutogenese (Antonovsky, 1997). Das Opfer erhält an dieser Stelle Handlungsmöglichkeiten, um leben zu können und um das Leben selbstbestimmt zu gestalten!

Mit dem SOC, dem Sense of Coherence beschrieb Antonovsky (1991) drei Aspekte, die ein Mensch braucht, um mit traumatischen Ereignissen, Herausforderungen oder Überforderungen zurechtzukommen und gesund zu bleiben. Er beschreibt, dass es wichtig ist, über drei Dinge zu verfügen.

Handhabbarkeit, Sinnhaftigkeit und Verstehbarkeit

Was heißt das (Chadasch, 2016)? Handhabbarkeit bedeutet, dass die Ressourcen zur Verfügung stehen, welche es ermöglichen, mit einer Situation zurechtzukommen. Die Ressourcen müssen zugänglich sein. Das heißt, dass es möglich sein muss, auf diese zuzugreifen, wenn sie benötigt werden. Durch die Sinnhaftigkeit ist es möglich, der erlebten Situation eine Bedeutung zu geben. Nehmen wir einen fiktiven Überfall im Parkhaus. Das Opfer kann natürlich keinen Sinn in dieser Begebenheit finden, die möglicherweise ihr Leben zerstört hat. Das ist verständlich.

Durch professionelle Begleitung ist es aber vielleicht möglich, dass irgendeine Form von Interpretation einen Sinn erkennen lässt. Zum Beispiel rief das Opfer nach der Tat ein Familienmitglied an, mit dem es lange zerstritten war. Oder das Hobby, dem nie Zeit eingeräumt wurde, erhält nun Priorität. Sie können einen banalen oder auch einen tiefgreifenden Sinn erkennen. Es spielt keine Rolle zur Auflösung ihrer Schockstarre nach der Tat. Es geht einzig und alleine darum, die Gedanken wieder in eine authentische Richtung fließen zu lassen, die auch Teil des verheerenden Albtraumes gewesen ist.

Mit dem Wort der Verstehbarkeit beschreibt Antonovsky eine kognitive Leistungsfähigkeit, die das Ursache-Wirkungsprinzip erklärt. Die menschliche Psyche ist durch eine Art Schubladendenken organisiert. Dinge, die einzuordnen sind, können sozusagen abgehakt werden und geistige Ruhe kann entstehen. Es geht darum, durch die drei Elemente, die den Kern des Kohärenzgefühls ausmachen, seine eigene Gesundheit zu erhalten oder diese nach einem belastenden Ereignis wieder entstehen zu lassen.

Ob etwas Illusion ist oder garantiert werden kann, liegt auch an Ihrer persönlichen Wahrnehmung. Sie sind Zeuge Ihres eigenen Lebens. Jede Ihrer Entscheidungen hat Einfluss auf Ihre Zukunft und kann Ihre Vergangenheit in einem anderen Licht erstrahlen lassen.

Ich erinnere mich an eine Klientin. Sie war lebenslang fest davon überzeugt, dass sie vom Schicksal hart getroffen wurde. Ihre Familie hatte ihr nicht die Liebe gegeben, die sie gebraucht hätte, um gestärkt aufzuwachsen. Ihr ganzes Leben lang war sie mit der Schuldzuweisung beschäftigt. Als wir uns trafen, war sie bereits 57 Jahre alt. Eine simple Graphik ließ sie nachdenklich werden. Wir zeichneten gemeinsam ihr Leben auf. Der Teil, den ihre Familie tatsächlich beeinflusst hat, war verschwindend gering gegenüber dem Teil, mit dem sie sich mit der Schuldsuche beschäftigte. Hat nun die Familie ihr geschadet oder ihr Umgang mit den Gegebenheiten? Was war Illusion und worin bestand die Garantie für ihr Leben? Warum hat sie die Sicherheit für ihr eigenes Handeln verloren?

Was denken Sie?

Ich bin immer wieder darüber erschrocken, festzustellen, wie viele Menschen ihre Depressionen behandeln lassen und letztendlich keine dauerhafte Heilung erfahren. Im Gegenteil, ein großer Teil von jungen Menschen findet nie wieder in ein gesundes Leben zurück und verliert die Fähigkeit zu partizipieren. Ich würde gerne dazu anregen, an Konzepten zu arbeiten, welche die Selbstwirksamkeitsüberzeugung dieser Menschen stärken und die es ermöglichen, eine Garantie für ein glückliches Leben zu erhalten. Stärkende Konzepte, welche helfen, die Gegenwart zu gestalten und die letztendlich von Schwere und Leid befreien.

Ich behaupte nicht, dass das leicht ist oder dass das nicht viele Ärzte und Therapeuten versuchen und auch erreichen. Wozu ich einlade, ist, nachzudenken und Konzepte zu erweitern oder zu verbessern. Ich möchte nicht, dass unsere Gesellschaft sich damit abfindet, dass die Betroffenen im Abseits landen können.

3.3 7 Pläne für persönlichen Erfolg

- Überlegen Sie genau, wohin Sie wollen
- Definieren Sie Ihr Ziel
- Überprüfen Sie Ihr Ziel und nutzen Sie Ihren realistischen Blick
- Beschreiben Sie Ihre vorhandenen Ressourcen und setzen diese gezielt ein
- Evaluieren (überprüfen) Sie, ob Sie Ihr Ziel erreicht haben
- Feiern Sie Ihren Erfolg
- Beginnen Sie die Reihenfolge von vorne

4. Verkauf unter ethischen Gesichtspunkten

Guerillamarketing oder Pleite

Das Leben eines Freiberuflers ist sehr frei, aber nicht für jeden einfach. Man bekleidet zahlreiche berufliche Positionen und sorgt für eine Art Stabliniensystem. Experten für besondere Bereiche werden eingekauft. Trotzdem bleibt man Bürokraft, Vertriebler, Spezialist für Verträge, durchführendes Organ, Motivator und vieles mehr. Ähnlich wie in einer Familie, in der man zugleich zahlreiche Rollen hat.

Als Familienmitglied hat man eine bestimmte Rolle und damit zahlreiche zusammenhängende Aufgaben zu erfüllen, die sich überschneiden oder letztendlich sogar Teile einer anderen Rolle sind. Bewusst oder unbewusst werden Herausforderungen gemeistert. Die damit verbundenen Aufgaben führt man erfolgsorientiert oder lässig durch. Wie kann aber unmittelbare Leistungsstärke garantiert werden?

Bei einem Freiberufler geht es darum, geeignete Entscheidungen in die Tat umzusetzen. Dabei ist es für viele schwer, ganzheitlich zu denken. Sie wissen den Unterschied zwischen Brutto und Netto eines Freiberuflers nicht zu interpretieren und zu verhandeln. Sie sichern sich nicht adäquat ab und denken dennoch, dass sie gut aufgestellt sind. Im Krankheitsfall oder im Alter droht vielen Selbstständigen deshalb ein sozialer Einbruch. Bei den heutigen Renten ist das natürlich auch für den fleißigen Angestellten möglich. Ich möchte an dieser Stelle dem Skandinavischen Modell folgen und der Politik vertrauen. Die Menschen, die ich wähle und durch meine Steuern bezahle, werden im Sinne des Volkes, also für uns, die richtigen Entscheidungen treffen.

Auch wenn das politische Feld mitunter einem Haifischbecken gleicht, gibt es dennoch Minister und andere Politiker, die aus

Leib und Seele ihr Bestes geben. Sie erfüllen die ihnen zuteil gewordenen Rollen mit Leidenschaft und können stolz auf ihre Errungenschaften blicken. Verkaufen sie sich der Außenwelt? Verkauft sich ein Familienvater, der eigentlich von der großen Freiheit träumt und diese auslebt durch kleine Fluchten aus seinem Alltag? Was ist mit einer Mutter, die am Bügeltisch steht und davon träumt, den Kilimandscharo zu besteigen? Was ist mit unerfüllten Sehnsüchten von Menschen, die merken, dass der Alltag all ihre Kraft verschlingt? Verkaufen sie sich, wenn sie fröhlich durch ihr Leben zu gehen scheinen?

Was genau ist eigentlich Verkauf und wo sind seine Grenzen? Geht es darum, dass innerhalb der Familie ein Gefühl bewahrt bleibt, das eine scheinbare Sicherheit nach Aufrichtigkeit beschreibt oder darum, dass politische Wahlversprechen eingehalten werden sollten, die dann aber doch gebogen werden? Hat Verkauf damit zu tun, ein Produkt bestmöglich zu vertreiben oder geht es um Wahrhaftigkeit?

Verkauf ist als Marketingkonzept einzuordnen (Kenning, 2016), bei dem der Grundgedanke verfolgt wird, dass ein vollständiges Unternehmen sich auf die Bedürfnisse des Marktes ausrichtet und somit ein bestimmtes Denkkonzept verfolgt, bei dem es um die Gestaltung der Unternehmensführung sowie um die Umsetzung von Wettbewerbsvorteilen geht (Kirchgeorg, 2016). Führen aber ethische Gesichtspunkte hierbei zu einer Veränderung der Strategie? Was meinen Sie?

Ethik als Lehre moralischen Handelns, mit Perspektiven, Allgemeinverbindlichkeit, Motivation, Forschungshintergrund und Entstehungsgeschichte (Lin-Hi, 2016) weist dem Verkauf Regeln zu, die für beide Seiten (Käufer, Verkäufer) hilfreich sind. Wir wissen aber alle, dass die moralethischen Grenzen beim Verkauf häufig gebogen werden und dass ein Guerillamarketingkonzept von vielen Verkäufern angestrebt wird, denn der Druck der Konkurrenz ist hoch und nur der Stärkste setzt sich durch und kann letztendlich überleben.

Limbeck (2016), ehemaliger Boxer, heutiger Top-Speaker beschreibt den Verkauf als Non-Stop-Aktion, etwas, das in Fleisch und Blut übergegangen sein muss, um zu einem Erfolg zu führen. Er beschreibt den permanenten Aktionismus, vor allem in Zeiten des Misserfolges. Voller Stolz beschreibt Limbeck (2016) seinen Sohn. Für ihn symbolisiert er das, was jemanden zu einem Spitzenverkäufer macht. Entschlossenheit, das Bewusstsein, ein bestimmtes Ziel erreichen zu wollen und zu einem Abschluss zu kommen.

Klapheck (2016) geht noch weiter. Als ehemalige Spitzenkraft eines Bankunternehmens hat er sich seinen Weg als Top-Speaker auf ganz andere Weise erarbeitet. Er ist sich sicher, dass der Weg zum Erfolg durch Kreativität umgesetzt wird. Klapheck (2016) wollte nicht länger eingezwängt zwischen verschiedenen Regeln seine eigene Kreativität verbergen oder sich anpassen. Als Piano-Referent begeistert er sein Publikum und inspiriert durch die Kombination von Musik und verrückten Ideen, denn er ist davon überzeugt, dass es jedem Menschen gelingen kann, sich nicht nur zu verkaufen, sondern glücklich zu sein.

Den Begriff Glück interpretierte ich bereits in »Alarmruf – Auswege für erschöpfte Manager« (2017) als politisches Konstrukt Bhutans. In diesem Land wird das Glück der Bevölkerung erfasst und nicht die finanziellen Gewinnmaximierungen. Was halten Sie davon? Können Sie den Erfolg Ihrer Familie daran messen, wie glücklich jeder Einzelne von Ihnen ist? Oder ist es Ihnen wichtiger, dass das familiäre Guthaben in Form von Besitz und Fähigkeiten stetig anwächst? Höher, schneller, weiter – wie zu Beginn des Buches bereits erfasst.

Vermutlich sagen Sie, dass Ihnen das Glück Ihrer Familie am Herzen liegt. Innen drin interpretieren Sie Glück aber als dehnbaren Begriff. Unmittelbare Leistungsstärke macht Sie stolz. Jeder muss gut aussehen, das Beste von sich geben und Anerkennung ernten. Was mich selber dabei überrascht, ist, dass so scheinbar unwichtige Dinge mit Inbrunst und Medaillen gekrönt sein müssen und sonst einfach nichts wert sind.

In den kleinsten Vereinen beginnt die Einteilung nach Leistung bereits. Egal, bei welchem Hobby wir uns ausleben, kommt irgendwann der Tag, an dem gemessen wird, wer gut und wer weniger gut ist. Warum ist diese Einteilung für Menschen so wichtig?

Warum gehen wir sogar noch einen Schritt weiter? Jeder Chor, jede Theatergruppe, jeder Malkurs muss mit einer Ausstellung oder einem Auftritt aufwarten und andere Menschen in den Bann ziehen. Warum ist es so wichtig, dass andere Menschen die Leistungen beurteilen, welche einem selber so viel Freude bereiten? Warum kann die Meinung der Zuhörer oder Zuschauer das eigene Selbstwertgefühl verändern?

Das Gute an dieser Erkenntnis ist, dass erkennbar wird, dass der Mensch ein soziales Wesen ist und für alle Zeiten bleiben wird. Er kann noch so technisiert sein, das Eigentliche wird für ihn immer die Reaktion der Anderen sein. Bereits Buber (1979) wusste, dass der Mensch durch die Reaktion seines Gegenübers letztendlich sein eigenes Ich kreiert.

»Der Mensch wird am Du zum Ich.«

Mit dieser Aussage beschreibt Buber (1979), dass beide Seiten einer Begegnung entscheidend sind. Auf unser Beispiel bezogen erlebt der Vorführende die Reaktion des Publikums und das Publikum erlebt Inspiration durch den Vorführenden. Beide können sich, wenn sie wohlwollend aufeinander reagieren und an die Entwicklung durch Motivation glauben, bestärken und zu unmittelbarer Leistungsstärke durch das Wachstum des eigenen Selbstwertgefühls begleiten. Der Vorführende erlebt diese Stärkung durch Applaus, Gesten und Geräusche aus dem Publikum. Das Publikum wiederrum erlebt Stärkung, indem seine Meinung gefragt ist.

Was hat dieses Aufeinandertreffen der Menschen aber mit Verkauf zu tun? Geht es beim Verkauf nicht darum, ausschließlich

Stärken zu präsentieren und Schwächen zu kaschieren? Ist der Verkauf abhängig von der Qualität des verkauften Produktes? Und was ist unter einem Produkt zu verstehen? Verkauft der Vorführende seine Leistung auch dann, wenn er dieses in seiner Freizeit tut?

Es gibt zahlreiche Menschen, die sich verkaufen und die nicht daran interessiert sind, ihr Gegenüber zu stärken. Sie reden schlecht über Andere und versuchen, ihre eigenen Unzulänglichkeiten damit zu überbrücken, indem sie Fehler bei anderen Menschen suchen. Ein sehr zweifelhaftes Konzept, wenn es um das Manifest des eigenen Lebens geht.

Es gibt aber auch Millionen von gegenteiligen Menschen, die an geteilter Freude interessiert sind. Wichtig ist, dass sie erleben, nicht ausgenutzt zu werden. Ihre Anerkennung muss angemessen sein. Wenn aber alles nur noch gegen angemessene Bezahlung verkauft wird, verändert sich der Leistungsanspruch. Die Frage, was angemessen ist, muss geklärt werden.

Wie findet ein Verkäufer das Gleichgewicht zwischen Verkauf, der vielleicht manchmal für ihn und für sein Gegenüber Nerven aufreibend ist, und zwischen einem spannenden Aufeinandertreffen, bei dem es zu einer Art Tausch kommt? Der eine bietet eine Leistung, die mal mehr und mal weniger gefragt ist, und der andere zahlt dafür. Wie in einem gekonnten Spiel werfen beide in die Waagschale, was sie zu geben bereit sind. Sie stellen sich im Vorfeld die Frage, was ihnen der Handel wert ist und wozu Dinge genutzt werden können.

Im Bereich des Verkaufes entwickelt die Welt sich rasant. Möglichkeiten scheinen immer perfekter zu werden. Grenzen werden überwunden, neue Verkaufsstrategien entwickelt. Aktuell werden Sprachcomputer auf den breiten Markt gebracht, die Komfort mit weiteren Einkaufsmöglichkeiten verbinden. Privatpersonen können, lange bevor das Geld für den Einkauf letztendlich verdient ist, einkaufen. Danach können Dienstleister ihre Angebote platzieren, um den damit verbundenen Stress wieder abzubauen. Und so geht es weiter und weiter und weiter.

Wichtig ist es, ein Gleichgewicht zu finden zwischen wollen und sollen, zwischen Verkauf und Verzicht, zwischen Interesse und Kauf. Zahlreiche Einzelhändler beraten kostenlos und verlieren den Kunden dann aber an den günstigeren Internetanbieter. Einige Verkäufer verkaufen unabhängig vom Nutzen für den Kunden, weil sie zum Schluss ihren Job nur behalten, wenn sie verkaufen. Koste es, was es wolle. Manche verkaufen bildlich gesprochen sogar ihre Seele, ohne überhaupt noch nachzudenken. Eine Pleite will niemand erleben. Welche ethischen Grundsätze zählen also, wenn Angebot und Nachfrage den Preis bestimmen? Wie verhindert ein Freiberufler sein berufliches Scheitern?

Alleine schon das Wort »scheitern« in den Mund zu nehmen, widerspricht jedem Erfolgskonzept. Kann aber jeder Mensch ständig erfolgreich sein und das Manifest eines erfüllten Lebens ohne Pausen voranbringen, wenn er nur will? Nein, natürlich nicht. Menschen müssen anhalten, Luft holen, nachdenken und sich auf ihre inneren Ziele und Wünsche ausrichten. Sie müssen erkennen, in welcher Welt sie zuhause sind und wodurch sie den Spagat zwischen einem glücklichen und einem erfolgreichen Leben meistern. Es geht gesellschaftlich darum, wie Menschen, die damit ihre Schwierigkeiten haben, geholfen werden kann und welchen Nutzen die Erfolgreichen durch das Verschenken von Mitteln an Bedürftige für sich und ihr Leben erkennen.

Ich liebe es zu philosophieren, Argumente hin und her zu wälzen und die Grundlage bestimmter Aussagen durch verschiedene Argumente zu beleuchten. So wie es im oberen Abschnitt stattgefunden hat. Und ich lade Sie zum gemeinsamen philosophieren ein, denn in dieser Disziplin geht es darum, alle Seiten einer Wahrheit zu erkennen. Wie schwer das ist, beschreibt Kübler (2017).

Er entführt uns in eine wunderbare Geschichte von Menschen mit unterschiedlichen Sichtweisen. Jeder dieser Menschen in dieser

Geschichte ist davon überzeugt, die eine Wahrheit erkannt zu haben. Durch die Anstrengung sich gegen die Wahrheiten aller anderen durchzusetzen, steigt die Unzufriedenheit der Protagonisten und es kommt zu Streit. Als ein alter Mann die Situation zum Wohle der Gemeinschaft klären soll, greift er zu einer ungewöhnlichen Methode. Er lässt alle in ein dunkles Zelt treten und beschreiben, was sich im Zelt befindet. Einer beschreibt Säulen, der andere Säbel und wieder ein anderer einen Rasierpinsel. Zwei weitere Redner mischen sich ein und behaupten, Pergament beziehungsweise einen Fächer vorgefunden zu haben. Und ehe die Menschen sich einigen können, was genau sich nun im Zelt befindet, streiten sie so heftig wie niemals zuvor, denn jeder ist sich seiner eigenen Wahrheit sicher. Als der alte Mann nun auch noch behauptet, dass er auf dem, was sich im Zelt befindet, als junger Mann geritten ist, sind sich endlich alle einig. Der alte Mann ist verrückt geworden (Kübler, 2017).

Will der alte Mann Guerillamarketing betreiben und sich durch den Verkauf seiner eigenen Stärke und seiner Überlegenheit zum Oberhaupt der Gemeinschaft machen? Möchte er Grenzen sprengen, die Wahrnehmungskraft seiner Mitbürger einschränken und ihnen Unsicherheit vermitteln? Nein. Er möchte den Verstand seiner Zuhörer erweitern. Ähnlich, wie ich es den Führungskräften, den Teams und den Studierenden mit Führungsambitionen wünsche, mit denen ich arbeite. Es ist nicht wichtig und entscheidend, dass sie als Zuhörer meine Meinung erlernen, sondern die Fähigkeit entwickeln, Argumente zu analysieren, über Fakten nachzudenken und eine begründbare Meinung zur Diskussion stellen. Das ist für viele Teilnehmer nicht leicht, denn sie haben ein System durchlaufen, in dem es darum geht, in kurzer Zeit die bestmöglichen Leistungen zu erbringen und unmittelbare Leistungsstärke zu präsentieren. Es geht nicht darum, zu denken und sich selber sowie sein eigenes Handeln unter ethischen Gesichtspunkten zu beleuchten.

Meiner Meinung nach ist aber diese Fähigkeit das einzige Mittel, um langfristig Führungskräfte hervorzubringen, die sich selber in

Frage stellen und im Sinne der Menschheit handeln. Sie müssen davon überzeugt sein, dass ihre intrinsische Motivation ausreichend ist, um positive Handlungen durchzuführen, denn wer überprüft schon eine Führungskraft, wenn diese einmal ihre Position erreicht hat? Die beste Prüfinstanz ist sein eigenes Gewissen und dieses braucht Zeit, um sich zu formen. Ein Gewissen entwickelt sich im Rahmen einer gesunden Auseinandersetzung.

Der alte Mann löst letztendlich den Streit auf. Er lüftet das Geheimnis darüber, wer wahr gesprochen hat, indem er das dunkle Zelt erhellt und jedem klar wird, dass er mit seiner Aussage Recht hatte, denn jeder hatte den Teilaspekt seiner persönlichen Wahrheit beschrieben, den er in der Lage war wahrzunehmen (Kübler, 2017).

Wahrhaftigkeit führt zu Wahrheit.

Der alte Mann weist darauf hin, dass nur wirklich große Menschen, wahrhaftige Menschen in der Lage sind, neben ihrer eigenen Wahrheit auch die Wahrheit ihrer Mitmenschen zuzulassen. Nur sie können erkennen, dass Wahrheit unteilbar ist (Kübler, 2017).

»Manchmal kann ein Elefant der Weg zur Wahrheit sein.«

Weiterentwicklung und Freiraum für Meinungen und Lebensgeschichten zu eröffnen, bedeutet den wahrhaftigen Wert des Lebens zu erkennen. Lassen Sie sich nicht gefangen nehmen von dem einen wahren Weg, der Ihnen gelegentlich verkauft wird, sondern nutzen Sie die Kapazitäten Ihres Gehirns und Ihres Herzens, um herauszufinden, wann Sie selber den Erfolg erleben, der Sie und andere Menschen glücklich stimmt.

4.1 Einstellung

Oder Umstellung

Wie verbinden sich persönliche Einstellungen im Rahmen des System in dem eine Person lebt, zum einzigartigen Manifest eines erfüllten Lebens? Ob Sie diese Frage für sich als stabile Einstellung oder im Rahmen einer flexiblen Umstellung betrachten, ist spannend. Beide Aspekte gemeinsam, Stabilität und Flexibilität, führen zu einem erfüllten Leben.

Jemand, der nicht stabil ist und weiß, wer er ist oder was er will, kann sich in unserer Welt nur schwer behaupten. Er verschleißt sich und seine Reserven.

Wird Stabilität aber zu einer Form der Erstarrung, die keine anderen Meinungen zulässt und sich nur an ähnlichen Menschen orientiert, ist kein Wachstum möglich. Es entsteht eine Art geistiger Inzucht. Und wir alle wissen, wie viel Unsinn bei solchen Konstellationen entstehen kann.

Flexibilität ist gefragt. Es kommt darauf an, dass hierbei das richtige Maß erreicht wird. Leistungsstärke ist langfristig nur möglich, wenn der Rahmen der Flexibilität klug gewählt wird. In Verbindung zur Stabilität weist die Flexibilität zu Weisheit hin, die sich nicht nur durch Neugier zeigt, sondern auch durch Diplomatie. Diese Eigenschaften verbinden sich zu einem besonderen und zielgerichteten Verhandlungsgeschick, welches letztendlich durch unmittelbare Leistungsstärke zu Erfolg im privaten und beruflichen Kontext führt.

Ich erinnere mich an dieser Stelle an eine Freundin. Jeder, der sie kennenlernte, war und ist begeistert. Diese Kombination aus Freundlichkeit und vielleicht bewusst eingesetzter Naivität lässt die Menschen dahinschmelzen. Aber natürlich geht es ihr wie vielen Menschen. Sie sieht eher, was sie nicht schafft, und das, was ihr nicht gelingt. Aber sie hat eine Fähigkeit, die in Kombination mit ihrem Aussehen jede Situation entspannt voranbringt. Und das nicht durch ihr großes Wissen oder ihre Machtdemonstration, sondern durch ihre unbeschreiblich wunderbare Fähigkeit diplomatisch vorzugehen.

> Entscheidend ist natürlich, dass Ihre diplomatische Haltung wahrhaftig ist. Als reine Methodik führt sie nicht zum Ziel.

Mit wenig Diplomatie wurde in den letzten Jahren die Ausrichtung unserer Krankenhäuser verändert. Da viele Häuser verschuldet waren, mussten neue Konzepte durchgesetzt werden. Einige sind gut und andere sind grauenvoll. Lassen Sie uns ein grauenvolles Beispiel ansehen, damit wir in Ruhe analysieren können, ob ein besseres System durchsetzbar wäre und welche Auswirkungen diese Situation auf die Gesellschaft bezogen hat.

Kinderkardiologie. Eine Station, auf der Kinder mit schweren Herzerkrankungen versorgt werden. Rationalisierung. Einsparung von Personal aus betriebswirtschaftlichen Gründen. Supervision. Die Pflegekräfte berichten.

Kinder, die mit einem offenen Thorax (Brustkorb) auf der Station versorgt werden, sind nicht belastbar. Das heißt, wenn ein Kind weint, muss es getröstet werden, da das Weinen das Herz übermäßig belastet. Nach Umstellung des Personalschlüssels ist das Trösten zeittechnisch nicht mehr möglich.

Was, glauben Sie, passiert nun mit diesen Kindern? Sie weinen leise vor sich hin, denn für lautes Schreien reicht ihre Kraft nicht. Trotzdem stört sie etwas und sie brauchen Zuspruch, um sich zu beruhigen. Als sie den Zuspruch nicht bekommen, pumpt ihr Herz auf Hochtouren und bleibt schließlich stehen.

Jetzt kommt der betriebswirtschaftliche Gedanke hinzu. Das Anreichen eines Schnullers oder ein tröstendes Wort wird von den

Krankenkassen nicht bezahlt. Bei der Reanimation (Wiederbelebung) eines Kindes sieht die Situation aber anders aus.

Das Krankenhaus schrieb in wenigen Jahren wieder schwarze Zahlen. Natürlich nicht nur durch die oben beschriebene Sachlage. Aber betriebswirtschaftlich betrachtet wurde ein Meisterwerk vollbracht. Die Kosten für das Personal wurden gesenkt und die Umsätze für die Behandlung erhöht.

Ich weiß, Sie schnappen jetzt vermutlich nach Luft. Aber dieses Beispiel ist eines aus einem großen Pool von Beispielen. Meine Aufgabe liegt darin, den betroffenen Pflegekräften zuzuhören, die Situation mit ihnen zu analysieren und ihnen die Fähigkeit zu vermitteln, eine für sich funktionierende Entscheidung zu treffen. Gesellschaftlich betrachtet ist es eine wichtige Aufgabe, sich zu fragen, wie wir mit Menschen umgehen. Und hier meine ich die Kinder, die Familien der Kinder, die Pflegekräfte und letztendlich uns selber.

In den 1980er Jahren machte eine Umweltbewegung durch einen Spruch der Cree, einem nordamerikanischen Indianervolk, darauf aufmerksam, dass wir Geld letztendlich nicht essen können. Erinnern Sie sich noch an die zahlreichen Aufkleber, die diese Weisheit kundtaten? Warum müssen wir gesellschaftlich dafür sorgen, dass vor allem im Bereich des Gesundheitswesens diese Weisheit nicht vergessen wird und ein Umdenken in eine ausschließlich betriebswirtschaftliche Betrachtungsweise bei der Führung eines Krankenhauses ganz und gar nicht clever ist?

Unsere Pflege muss durch Qualität und humanethische Richtlinien in Verbindung mit betriebswirtschaftlichen Argumenten diskutiert werden. Es wird Zeit, dass endlich ein Zeichen gesetzt wird, welches davon zeugt, dass wir auf die Professionalität unserer Pflege stolz sind und diese Konzepte als erstrebenswert in andere Länder verkaufen.

**Der Mensch muss der Mittelpunkt
jeden wirtschaftlichen Handelns sein!**

Pflegekräfte, die wir erschöpfen und in psychischen Krisen alleine lassen, sind für eine Gesellschaft beschämend. Überlastungsanzeigen, die keinerlei Auswirkungen auf eine bessere Aufstellung eines Teams haben, sind unfassbar. An qualifizierten Ausbildungsplätzen zu sparen ist nicht zeitgemäß, denn ganz ehrlich – ich hätte den Pflegenotstand lange im Vorfeld vorhersagen können. Krankenhäuser, die vielleicht einstellen wollen, aber durch mangelnde Qualifizierte nicht mehr einstellen können – dazu fehlen mir die Worte und ich richte an dieser Stelle einen dringenden Aufruf an die Politik. Bitte, ladet mich ein und lasst mich dabei helfen, diesen Irrsinn zu beseitigen!

Nicht, dass ich es nicht versucht hätte. Nicht als Politiker, sondern beratend im Hintergrund, denn ich brauche keine große Bühne. Aber was, glauben Sie, ist passiert? In den Ministerien sind Menschen von der Basis nicht gefragt, sondern lediglich Menschen, die Jahrzehnte damit verbringen, über die Situation zu lesen und darüber zu entscheiden. Was soll ich sagen? Zu viel Stabilität, zu wenig Flexibilität. Scheitern akzeptiert.

Natürlich sehe ich, wie die Pflege gestärkt wird und die Gesetze tolle Aspekte fördern. Der Kerngedanke des Pflegenotstandes wird aber bereits viel zu lange hingenommen und alle herausragenden Pflegekräfte, die ich kenne, sind aus dem Beruf ausgestiegen.

Ich freue mich über die Akademisierung dieser Berufsgruppen und bin davon überzeugt, dass hier eine Chance beim Führungswechsel liegt. Eine Führungskraft, die ein sinnlos sterbendes Kind im Arm gehalten hat, wird niemals eine betriebswirtschaftliche Entscheidung treffen, die dieses sinnlose Sterben unterstützt.

Pflegekräfte supervisorisch zu begleiten, die unter diesen Bedingungen agieren müssen, sollte schon lange Geschichte sein! Wir erschaffen uns eine neue Generation von Frührentnern, die unser gesellschaftlich-politisches System mit ihrer Gesundheit bezahlen. Und natürlich möchte ich an dieser Stelle nicht unhöflich sein und darauf verweisen, dass wir eines der sozialsten Systeme der

Welt haben. Wir sind versorgt und noch immer solidarisch ausgerichtet. Das heißt aber nicht, dass eine Verbindung von Ethik und Betriebswirtschaft nicht lange schon überfällig ist.

4.2 Leben

Gelebte Werte

Respekt ist eine viel beschriebene und eingeforderte Tugend. Wenn ich dann aber während einer Supervision höre, dass ein Mitarbeiter von seiner Führungskraft gedemütigt wird, frage ich mich, wie eine solche Respektlosigkeit möglich sein kann. Die Einzelheiten, die ich höre, stimmen mich an mancher Stelle fassungslos. Beispielsweise bei dem Bericht eines Maurers, der einen neuen Helm für die Baustelle beantragen wollte und den alten Helm des Meisters direkt von seinem Kopf bekam oder von einer Sekretärin, die eine Tasse Kaffee trinkt und sich anhören muss, dass sie hierfür exakt 7 Sekunden länger braucht als ihre Kolleginnen und dass diese sinnlose Zeitverschwendung für den Betrieb untragbar ist.

Wo hört Respektlosigkeit auf und wird zu Mobbing?

Mobbing als Demütigung eines Menschen vor seinen Mitmenschen. Ausgeführt von einem Straftäter, denn Mobbing ist eine Straftat (Wanzek & Rosenboom, 2017).

Ein Mensch erniedrigt einen anderen Menschen und führt diesen in eine tiefe Verzweiflung, verringert und blockiert seine Leistungsstärke. Durch Drangsalierungen wird das Selbstwertgefühl eines Menschen minimiert. Seelische Grausamkeit als Lustgewinn für eine Gruppe, ausgeführt durch eine Person, deren Motive unakzeptabel sind.

Warum arbeitet ein erwachsener Mensch unter diesen Bedingungen und welche Möglichkeiten hat er, etwas zu verändern? Warum hängen die Werte hier im luftleeren Raum und weshalb wird es vermutlich psychische Grausamkeiten geben, solange die Welt existiert? Beim Zurücklassen von Schock, Wut und Fassungslosigkeit wird es möglich, Lösungsmodelle zu suchen. Handlungen, die es gestatten, Situationen wie die beschriebenen aufzulösen.

Werte zum Manifest eines erfüllten Lebens zu formen – das klingt wunderbar. Leiden als Wachstumschance zu sehen heißt nicht, dass Wut und Traurigkeit nicht berechtigt sind. Verstehen Sie mich bitte nicht falsch. Die mit der Drangsalierung auftauchenden Gefühle sind wichtig und mehr als nachvollziehbar. Das Wahrnehmen dieser Gefühle alleine löst aber das Problem nicht. Bei einer langfristigen, einheitlichen Betrachtung rauben diese Gefühle auch noch die verbliebene Kraft, bis alle Ressourcen restlos erschöpft sind. Wenn beispielsweise ein Jahr oder vielleicht sogar 10 Jahre, wie ich es aus Berichten von Patienten und Krankenkassen kenne, eine Behandlung darin besteht, sich vor Augen zu führen, wie schlimm alles war, was zurückliegend geschehen ist und wie grauenvoll es immer wieder ist, sortiert sich die Seele und verändert ihre Wahrnehmung. Egal, wie furchtbar eine Situation ist und war – niemand sollte ihr so viel Macht abgewinnen, dass sie mehr vom eigenen Leben zerstört, als unbedingt notwendig ist!

Geben Sie dem Täter nicht noch mehr Macht über Ihr Leben!

Es gibt immer auch positive Dinge zu entdecken. Dafür garantiere ich. Holen Sie sich diese Dinge in Ihre Blickwinkel. Lassen Sie zu, dass Sie die Opferrolle verlassen und Ihr Leben mutig und selbstbewusst in die Hand nehmen. Beginnen Sie mit der Fragestellung, welchen Wert Sie gerne hätten.

Wie soll Ihr Leben im besten Fall aussehen?

So einfach diese Frage klingt, so schwer ist es für zahlreiche Menschen, diese zu beantworten. Es gibt einige Menschen, die sich aus unerfindlichen Gründen für das Leid in ihrem Leben entscheiden und sich dort sicher und zuhause fühlen. Wir können ihnen Hilfe und Optionen anbieten, müssen ihnen aber die Entscheidung überlassen, wonach sie sich ausrichten möchten, denn es ist nicht unsere Aufgabe, jemanden zu etwas zu zwingen. Auch dann nicht, wenn wir von außen vielleicht sehen, dass es für ihn besser wäre. Diese Entscheidung trifft ein erwachsener, mündiger Mensch selber.

Wenn unser Gegenüber aber daran interessiert ist, Dinge zu verändern, hören wir ihm zu. Wir lassen grenzenloses Erzählen zu und spüren bei den Erzählungen seinen Schmerz. Wir erkennen diesen Schmerz an und geben ihm Raum. Nichts wird beschönigt. Nichts wird unterdrückt.

Dann verabschieden wir mit ihm gemeinsam diesen Schmerz, indem wir den Schmerz als lebendiges Gefühl in das Zentrum der Wahrnehmung stellen. Durch Rituale verabschieden wir den Schmerz und lassen ihn endgültig los. Manchmal irritiert die Distanz zum Schmerz. Auftauchende Leere und Unruhe führen zu Angst. Diese Angst begleiten wir durch die Arbeit mit dem sicheren Ort, wie in »Alarmruf, Auswege für erschöpfte Manager« beschrieben (Chadasch, 2017).

Die Begegnung mit Erkenntnissen und Fakten löst die Angst schrittweise. Diese Befreiung könnte nicht schöner sein. Beispielsweise gibt es vielleicht eine einzelne Kollegin, die bei der Drangsalierung Partei ergriffen hat und damit ihren eigenen Seelenfrieden riskiert hat. Oder ein guter Kumpel schenkte einen nagelneuen Helm zum Geburtstag und legte den Arm auf die Schulter.

Schauen wir uns die positiven Situationen in einer grauenvollen Zeit an. Menschen, die an der eigenen Seite bleiben und durch ihre schiere Anwesenheit Freude bringen. Oder ein Kompliment durch eine fremde Person an einem Tag, der sich wieder so grau angefühlt hat. Ein Glücksgefühl, welches durch eigene Motivation entwickelt werden konnte.

Wie muss es Bonhoeffer ergangen sein, der sich in einer Situation befunden hat, die kaum grauenvoller sein kann? Im Konzentrationslager schrieb er » Von guten Mächten treu und still umgeben …« (Bonhoeffer, 2010) und war als Geistlicher in der Tiefe seiner Seele von dieser Geborgenheit überzeugt. Ein bemerkenswertes Vorbild.

Können wir etwas tun, damit Werte im Leben nicht verloren gehen? Ja, wir können uns an unsere Ideale erinnern. Wir können unser Navigationssystem wieder auf unsere Werte hin ausrichten und durch ein beispielhaftes Leben ein Vorbild sein, so gut es unsere Kräfte und unsere menschlichen Fehler zulassen. Jeden Tag aufs Neue!

Wir können uns als Führungskraft inspirieren lassen und den Weg zu mehr Menschlichkeit und Weisheit gehen. Wir können versuchen, Scheidungsraten zu senken, indem wir zuhören und begreifen. Wir können in helfenden Berufen durch Gesetze für Balance sorgen. – Und wir können uns darüber freuen, dass diese Wege bereits von zahlreichen Menschen beschritten werden.

4.3 Verkauf im Gleichgewicht –
5 zielorientierte Wege

- Beziehen Sie alle notwendigen Fakten ein, um intelligente Entscheidungen zu treffen
- Vergessen Sie Ihre Zukunft nicht
- Setzen Sie die Qualität an die erste Stelle
- Orientieren Sie sich an ethischen Gesichtspunkten
- Pflegen Sie Ihr Gleichgewicht zwischen Stabilität und Flexibilität

5. Gelassenheit beider Geschlechter

Ein Widerspruch

Die Geschichten von Schwarz (2008 & 2011) führen uns in die Welt von Moya, der einen kleinen Drachen findet. Dieser verkörpert alle Eigenschaften einer Frau. Nicht ganz zufrieden mit sich selbst und dem Trott, in dem sie funktioniert. Hab-mich-lieb kämpft mit sich selbst und damit, die Liebe ihres Herzens finden zu wollen (2008). Als sie sich ausgerechnet in einen Kater verliebt, sind die Probleme vorprogrammiert. Hin- und hergerissen zwischen Nähe und Distanz, Sehnsucht und Flucht versuchen sich beide immer wieder zu finden und miteinander das Leben zu genießen. Das gelingt ihnen erst, nachdem sie sich mit ihren persönlichen Eigenheiten selber akzeptieren und den Anderen genießen können, wie er ist (2011). Natürlich leichter gesagt als getan – aber sicherlich zu schaffen.

> Wenn jede zweite Ehe geschieden wird, heißt das,
> dass jede zweite Ehe gelingt!

Was machen diese Gewinner der Ehe anders? Sie stehen hinter sich und fördern das Gemeinsamkeitsgefühl. Yalom, ein renommierter Psychotherapeut, beschreibt dieses Geheimnis im Film »Yaloms Anleitung zum Glücklichsein« von Giesiger (2015). Die Facetten des Lebens im Rahmen einer persönlichen Entwicklung, aus der Gegenwart betrachtet und mit einem in die Vergangenheit gerichteten Blick. Yalom beschreibt dabei seine berufliche Situation und sein Verständnis von Liebe. Seine Frau erläutert, wie sie sich fühlte, wie sie lebte und was ihr heute wichtig ist. Beide philosophieren darüber, warum ihre Kinder trotz dieses starken Vorbilds einer glücklichen Ehe alle geschieden sind. Ein wirklich wunderbarer und sehr ehrlicher Film!

Eine andere Form der Gelassenheit beschreibt der Film »Walromanze« (Glahn, 2004), in dem das Leben zweier Menschen beleuchtet wird, die sich für einen sehr ungewöhnlichen Lebensweg entschieden haben und sich dabei immer wieder miteinander auseinandersetzen müssen. Herman, 36 Jahre alt und Jani 40 Jahre alt, leben auf einer unbewohnten Insel mit 300 Regentagen im Jahr und betrachten Wale. Sie erfüllen sich ihren gemeinsamen Lebenstraum. Der Film beschreibt authentische Herausforderungen und die Aufmerksamkeit dem Anderen gegenüber, die immer wieder die besondere Liebe der beiden in den Fokus des eigenen Denkens rückt.

Drei Liebesgeschichten. Sechs erfüllte Sehnsüchte. Alle Paare bemühen sich umeinander und hören nicht damit auf. Sie stellen ihre Liebe in den Fokus ihrer Wahrnehmung. Dabei bleiben sie ihrer eigenen Persönlichkeit treu, suchen aber dennoch immer wieder einen Konsens, um gelassen im Wir bleiben zu können. Sie gewinnen, ohne zu kämpfen, durch Klarheit und die Akzeptanz ihrer persönlichen Widersprüche, welche keine Blockade, sondern ergreifende Neugier erzeugen. Sie wissen, dass eine gemeinsame Entwicklung zur unmittelbaren Leistungsstärke von ihnen beiden gemeinsam erzielt wird.

Tägliche Liebe wie am ersten Tag.

Dieser Wunsch kann ganz einfach durch Aufmerksamkeit sich und dem anderen gegenüber Realität sein. Entscheiden Sie sich jeden Tag wieder neu dafür, denn es gab einen Grund, warum Sie diesen Partner und keinen anderen, keine andere gewählt und geheiratet haben. Die Liebe nutzt sich nicht ab! Sie vertieft sich und ein Geheimnis wird erlebbar in dem Bereich, in dem Sie nicht dem Trott folgen, sondern sich selber ernsthaft lieben lernen.

Über Treue gibt es eine weitverbreitete Diskussion. Sie gilt als unverzichtbar oder als uncool. Welche Meinung teilen Sie? Gilt Treue heute noch als persönlich und beruflich erstrebenswert, um ein erfülltes Leben im Sinne eines Manifestes zu feiern? Können

Sie in einer Zeit von Mobbing, Zeitarbeitsfirmen und Wechsel von Menschen auf jeglichen Positionen in enormer Geschwindigkeit Treue zu Ihrer Arbeit empfinden? Geben Sie alles, damit Ihr Arbeitgeber stolz auf Sie ist und Gewinne erwirtschaftet? Ist dieses Empfinden von beruflicher Treue ein geschlechtsspezifisches Thema?

Gender als soziale und kulturelle Eigenschaft einer Person, bezogen auf ihr Geschlecht als Grundlage eines politischen Auftrages, beschäftigt sich mit Geschlechtsaspekten und deren Einbindung in das Gesamtsystem. Ein Auftrag, zu dem sich alle EU-Länder verpflichtet haben. Es geht um Gleichberechtigung, Gelassenheit und Chancengleichheit für alle Menschen, unabhängig von ihrem Geschlecht. Trotzdem gibt es immer noch zahlreiche Unterschiede in der Ausrichtung des familiären und beruflichen Lebens. Die Rollenunterschiede zwischen beiden Geschlechtern werden in einigen Aspekten kleiner und sind dennoch immens groß.

Im Wandel unserer Gesellschaft und unseres beruflichen Anspruchs von einer Industrie- zu einer Dienstleistungsgesellschaft profitieren Frauen. Trotzdem dominiert die horizontale Arbeitsmarktsegregation auch heute noch und es gibt eine Trennung von klassischen, geschlechtsspezifischen Berufen. Frauen übernehmen, bedingt durch ihre Fürsorgefähigkeit, in der Regel Belastungen, die über den Beruf hinausgehen und passen ihre Arbeitszeit ihrem Privatleben an. Hierdurch entstehen finanzielle Unterschiede (gender pay gap). Daraus ergibt sich unter anderem auch die Dominanz der Männer hinsichtlich der Führungsfunktionen (vertikale Arbeitsmarktsegregation) (Baer, 2017).

Cole (2011) greift das Thema auf. Er beschreibt den Arbeitskampf der Frauen bei Ford, die sich mit aller Kraft für eine gerechte Bezahlung einsetzen. Diese Frauen haben durch geschickte Akzente und eine professionelle Begleitung einen Meilenstein in der Arbeitspolitik gesetzt.

Wenn ich heute in einem Training eine Bestuhlung anbiete und dabei ein kleines Feldexperiment starte, indem ich auf Akzente mit roten und blauen Stühlen setzen, werden die Teilnehmer sich setzen, wie sie möchten und die Farben unberücksichtigt lassen. Worauf sie aber achten, unterbewusst achten werden, ist die Verteilung der Geschlechter und Personen. Diese wird in Sekundenschnelle wahrgenommen und bei der eigenen Stuhlauswahl berücksichtigt, was mir als Coach Hinweise auf die Gruppenkonstellation geben kann, wenn ich weiß, wie ich die Eingangssituation auslegen kann. Woran liegt das?

Das Phänomen der Wahrnehmung, untermauert durch unbewusste Prozesse, bezieht die persönliche Situation mit ein. Bin ich Single, frage ich mich, wer meine Prinzipien mit mir teilen könnte. Zahlreiche Fragen jagen unterbewusst durch mich hindurch. Diese beantworte ich mir selber. In Sekundenschnelle, während ich durch den Raum zu meinem Stuhl gehen erstelle ich eine vollständige Analyse, beruhend auf den Fakten, die ich in meinem Leben gesammelt habe, und treffe eine Entscheidung. Ich möchte mir meinen Tag im Training so angenehm wie möglich gestalten. Oder ich habe einen Tag, an dem ich eigentlich meine Ruhe haben möchte. Vielleicht ist es mir wichtig, aus dem Fenster sehen zu können. Mein aktuelles Wohlbefinden und meine persönliche Zielsetzung werden meine Stuhlauswahl mitbestimmen.

Unser Gehirn ist großartig und zu Leistungen fähig, ohne die ein Überleben im Großstadtdschungel und zu Zeiten der Überflutung durch Daten und Angebote kaum möglich wäre. Trotzdem fühlen sich viele auch durch die permanente Gehirntätigkeit überfordert und müssen erst wieder lernen, sich zu konzentrieren oder sich zu entspannen.

Das gilt für beide Geschlechter.

Überlastungen führen regelmäßig zu Krankheiten und Dienstausfällen. Mühsam muss das Gehirn dann wieder zur Ruhe kommen. Obwohl dieser Prozess etwa doppelt so lange dauert wie die Zeit, in der das Gehirn die Überlastung ausgeglichen hat, sich Symptome der Überforderung angedeutet haben und es zu einem Burnout gekommen ist, wird für Prävention seit Jahren verschwindend gering investiert (Chadasch, 2017).

Hier ist ein gesellschaftliches Umdenken dringend erforderlich. Wir müssen uns darauf konzentrieren, wodurch die Liebe eines Menschen erhalten wird und nicht darauf, warum Menschen geschieden werden.

Betreten wir einen Raum, werden wir die entspannten Paare herausfiltern können. Sie ruhen miteinander, ineinander und wissen, dass sie ein Individuum sind als Teil des großen Ganzen. Kennen Sie dieses Gefühl? Nutzen Sie Ihre bestehende Partnerschaft, um dieses Gefühl miteinander zu erleben und beweisen Sie, dass die Gelassenheit beider Geschlechter keine Illusion ist.

5.1   Frauen

Kraftwerke im Vierwochenrhythmus

Zwischen Gebärfähigkeit, Karriere, Kinderwunsch und Menopause hin- und hergeworfen muss eine Frau das Leben meistern. Sie muss leistungsstark sein, denn wir alle wissen:

Hinter jedem erfolgreichen Mann steht eine starke Frau.

Zum Manifest eines erfüllten Lebens gehören für eine Frau Nähe, Geborgenheit, Sicherheit, Freiheit und Entwicklung. Viele gehen in der Mutterrolle auf und neigen manchmal dazu, die Erfolge ihrer Kinder als ihre eigenen zu werten. Sie verlieren ihren eigenen Selbstwert aus dem Auge.

Wenn ich an ein Klassentreffen vor vielen Jahren denke, werde ich nachdenklich. Ich war auf einer Mädchenschule, und das heißt, dass natürlich ausschließlich Frauen bei den darauffolgenden Treffen anwesend waren. Und es gab nur zwei Fragen, die den Abend, an den ich denke, bestimmt haben. Hast du einen Ehemann und wie viele Kinder habt ihr? Danach wurde sich gebrüstet mit Geschichten darüber, wie erfolgreich der Ehemann war und welche wunderbaren Dinge die einzelnen Kinder geschafft haben. Oft saß ich da und beobachtet, die Szenerie mit der Frage in mir – was ist bitte aus dir, meiner Schulkameradin, geworden? Welche Dinge beschäftigen dich? Was ist dir wichtig? Welche Träume hast du und was waren deine persönlichen Erfolge?

Es war erstaunlicherweise nahezu unmöglich, Antworten auf diese Fragen zu erhalten. Die Frauen, die ich auf diesem Treffen gesehen habe, wussten nicht, was ich meinte und fanden meine Fragen exotisch. Das wieder rum stimmte mich orientierungslos. Warum saßen mir Menschen gegenüber, die im Grunde genommen ausschließlich von anderen Menschen erzählten?

Ich ging dieser Frage auf den Grund und befragte über Jahrzehnte Frauen nach ihrem Werdegang. Beeindruckend fand ich eine Dame, die erzählte, dass sie auf Klassentreffen ausschließlich Lügen auftischte. Warum tat sie das? War es wie beim Interview mit Lena Meyer-Landrut nach dem Gewinn des Grand Prix (2010), als sie erzählte, wie viele Kinder und Ehemänner sie habe und überdeutlich wurde, dass ihr Privatleben ihr gehört und sie über ihre Leistung sprechen möchte, sich aber ansonsten nicht festnageln lässt? Ich stieß auf einige Frauen, die sich mit aller Kraft dagegen zur Wehr setzten, festgenagelt zu werden. Das beruhigte mich.

Es gab aber auch die anderen, die, welche sich verloren hatten. Die einen berichteten über Mann und Kinder, die anderen über ihren Beruf. Sie waren mit aller Kraft darauf fixiert, ihren Wert in diesem Leben zu bestätigen. Meine Gedanken schweifen zu dem

Film »Mona Lisas Lächeln« von Mike Newell (2003), in dem Julia Roberts als Dozentin die Werte im Leben einer Frau in Frage stellt. Als Katherine Watson denkt sie in den 1950er Jahren, dass Frauen von vorgeschriebenen Dogmen befreit werden müssen. Sie kann sich nicht in das strikte Konzept einfügen, in dem Frauen nahegelegt wird, eine gute Hausfrau zu sein. Adrett aussehen, kochen und waschen können und eine perfekte Gastgeberin zu sein, reicht ihr nicht. Frau Watson möchte die Frauen durch Kunst dazu inspirieren, ihren Gedanken und Wünschen freien Lauf zu lassen.

Eine überraschende Wende erfährt der Film, als Katherine Watson erleben muss, dass sich eine ihrer Schülerinnen gegen eine vielversprechende Karriere entscheidet und für das klassische Dasein im Schoße ihrer Familie. Diese Frau findet ihre Erfüllung an der Seite ihres Mannes – und zwar nicht, weil sie das muss, sondern weil sie hierfür eine bewusste Entscheidung trifft.

Dieses Bewusstsein ist das, was den Reichtum einer Frau darstellt. Eine Entscheidung treffen zu dürfen, ist für sie das Manifest eines erfüllten Lebens.

Obwohl viele Türen offenstehen, lassen sich viele Frauen einfach dahingleiten, weil es scheinbar bequemer ist, mit dem Strom zu schwimmen. Sie begnügen sich damit, im Radio dem Lied von Max Giesinger (2016) zu lauschen. In diesem Lied beschreibt eine Mutter und Hausfrau, dass sie beim Tanzen in einem anderen Leben zu Hause ist. Dieses Lied spricht viele Frauen an – und das stimmt mich nachdenklich. Warum lebt jemand in einem freien Land mit zahlreichen Möglichkeiten und beschränkt sich selber? Warum stutzt sich jemand freiwillig die Flügel?

Ich frage mich, was mit unserer Emanzipation geschehen ist. Warum ist es noch immer für viele Frauen nicht möglich, das Leben zu leben, welches sie leben möchten? Sind wir nicht frei? Vergeuden wir unsere unmittelbare Leistungsstärke und betrügen uns selber um das Manifest des eigenen Lebens?

An dieser Stelle kommen natürlich philosophische Gedanken mit ins Spiel. Frauen müssen wissen, was sie wollen. Allerdings erleben sie in der Erziehung eine unbewusste Lenkung. Gesellschaftliche Vorstellungen, die das Überleben der ganzen Gruppe sichern, werden automatisch mitvermittelt. Hinzu kommen bestimmte Neigungen wie Fürsorge und das Gesamtwohl aller im Blick zu haben. Viele Frauen sind überaus glücklich, Hausfrau und Mutter zu sein und quälen sich eher mit dem Konstrukt, dass sie »nebenbei« Geld verdienen müssen, da der Luxus des Alltags durch ein einzelnes Gehalt nicht mehr finanziert werden kann.

Andere Frauen wünschen sich Kind und Karriere zu gleichen Teilen. Sie haben die Möglichkeit, ihr Kind frühzeitig in eine Kindertagesstätte zu geben. Bei Spitzenkräften bieten und verlangen Unternehmen ein klares Ja hinsichtlich dieser Option. An dieser Stelle sind es eher die Erzieher, die mich nachdenklich stimmen. Sie berichten von Müttern, die Angst haben, mit ihrem Kind am Wochenende alleine zu sein. Sie wissen zum einen nichts mit ihm anzufangen und zum anderen sind sie zu müde, um sich mit ihm auseinanderzusetzen.

Dann gibt es die Frauen, die sich über Jahrzehnte Kinder wünschen und partout keine bekommen können. Sie sitzen in Wartezimmern von Wunschkliniken und bilden eine ganz eigene Spezies. Ihr Alltag ist bestimmt durch Nadeln und Untersuchungen. Alles vergessen, wenn der kleine Spross endlich da ist. Auch wenn bei einigen vielleicht Intimität und Zärtlichkeit dem Labor zum Opfer fielen. Schlimmer noch, kein Kind entstanden ist und eine große Leere und Müdigkeit das Leben in seiner Sinnlosigkeit bestimmt.

Leistungsstarke Frauen vermehren sich. Der Wert einer Frau bestimmt sich durch ihren Nachwuchs, und Kindern das Leben zu schenken, ist ihr Sinn. Wir kennen auch heute noch Kulturen, in denen Frauen ausgetauscht werden, wenn der ersehnte Stammeshalter nicht das Licht der Welt erblickt. Und dann sind da noch die Frauen, die keine Kinder wollen. Sie wollen frei sein, sich selbst verwirklichen und gehen in ihrer Freiheit auf.

Frauen und Kinder – das sind zwei Begriffe, die in jedem Fall zusammengehören und zu denen nahezu jeder Mensch irgendeine Meinung hat. Dafür entscheiden, dagegen sein, den Bauch für sich beanspruchen, geeignete Partner finden und den Zeitpunkt abwägen. Die Gesellschaft hat immer eine Meinung. Zu früh, zu spät, wie kann sie nur, warum tut sie nicht, zu viele, zu wenig, falsche Zeiteinteilung. Jeder weiß alles und hat alles natürlich deutlich besser im Griff. Das heißt, Generationskonflikte sind vorprogrammiert. Einzelkämpfe sind im Inneren verloren.

Ist es deshalb so wichtig, auf einem Klassentreffen Mann und Kinder in den Vordergrund zu stellen oder ist es einfach nur unproblematischer, denn in diesem Fall muss nichts von sich selber preisgegeben werden? Ist es eine Befreiung oder eine Fessel, eine Frau zu sein?

Welche Frauen haben Großes geleistet, wie beispielsweise Johann Heinrich Pestalozzi oder Alexander von Humboldt? Haben Frauen zwischen ihren gebärfähigen Jahren und der Kindererziehung überhaupt Zeit, sich zu verwirklichen? Ich war überaus glücklich, als ich Kalender über starke und berühmte Frauen entdeckte. Frauen sind vielseitig. Sie sind mächtig. Frauen sind wertvoll. Sie können sich in unserem Land frei für einen Lebensweg entscheiden. Wichtig ist dabei, andere Meinungen zu hören, das eigene Manifest des Lebens aber im Blick zu behalten.

Anzukommen, anzunehmen und sich flexibel an das anzupassen, was das Leben als Herausforderung oder mit vielen glücklichen Farben bereithält, ist entscheidend. Zu viele Frauen erleben im Verlauf ihres Lebens Hass, Gewalt und Missbrauch. Sie werden degradiert und verurteilt, müssen mit zahlreichen Schmerzen alleine zurechtkommen und sind froh, still zu sein, um nicht länger gesehen zu werden.

Ich kenne Frauen, die anderen Frauen vorwerfen, kinderlos zu sein und sie ausgrenzen. Ich kenne Frauen, denen ihre eigene Gesundheit nichts wert ist, Frauen, die leiden und ihre Geschichten nicht verarbeiten können. Im Buch »Trotz allem« beschreiben Ellen Bass und Laura Davis in Zusammenarbeit mit Donna Vita (2009) Lebensabschnitte überlebender Frauen. Schicksale werden beschrieben. Auswege aus sexueller Gewalt und Empfindungen werden verständlich aufgezeigt. Was ist mit den Müttern dieser Frauen? Sind sie dabei gescheitert, ihre Kinder zu beschützen? Warum hat das Umfeld nicht reagiert? Fragen, die auf dem Weg der Entwicklung auftauchen. Letztendlich ist aber nur eine Frage entscheidend. Was will ich jetzt und wie gestalte ich dieses Leben ab sofort, so dass ich zufrieden, frei, glücklich und für mich leistungsstark bin?

> Es sind im Senegal die Frauen, welche die
> Beschneidung weiblicher Nachfahren vorantreiben.
> Wie kann das nur möglich sein?

Eine leistungsstarke Frau ist eine glückliche Frau. Sie beginnt den Tag mit einem Lächeln und kann Tage ertragen, die sie weinen lassen. Eine leistungsstarke Frau ist kongruent. Sie ist in der Lage, ihr Leben zu gestalten und sich darauf zu besinnen, was ihr selber wichtig ist und warum das so ist. Unmittelbare Leistungsstärke im Leben einer Frau ist ein sehr vielschichtiges und spannendes Konzept.

5.2 Männer

Evaluationswunder

Auch das Leben eines Mannes kann als vielschichtiges Konzept betrachtet werden. Ein Mann muss sich durchsetzen können, er muss siegen können, sonst ist er ein Waschlappen. Ist er gutherzig, wirkt er auf viele Menschen auch irgendwie unattraktiv. Jede Frau wünscht sich einen Helden. Dann trauert sie ein Leben lang darum, dass er nicht sensibel genug ist. Die Rolle eines modernen Mannes zu erfüllen, ist eine besondere Aufgabe.

Herbert Grönemeyer fragte bereist 1984 danach, wann ein Mann ein Mann ist und lieferte einige Ideen hierzu, die wir als Teenager laut mitsangen. Ich erinnere mich an einen herausragenden Abend auf einem Feldweg in der Nähe von Recklinghausen. Wir drehten die Scheiben unseres Autos herunter und sangen, was das Zeug hielt, diesen einen Song wieder und wieder. Nach einigen Stunden fühlten wir Mädels uns klarer und weiser. Wir waren dem Leben und der Männerwelt gewachsen. Das Mysterium Mann wurde sichtbar. Auch Filme wie »Top Gun« von Tony Scott (2009) oder »Saturday Night Fever« von John Badham (1977) entschlüsselten das Männerbild.

Ein leistungsstarker Mann, der sich heute beweisen will, muss sensibel sein. Er kann Entscheidungen treffen, versorgt seine Familie und ist ein liebevoller Vater. Im Gespräch mit einem Top-Manager zeigte sich, dass diese Kombination ein Drahtseilakt ist. Ein Mann muss klare Entscheidungen treffen, ist heute aber zahlreichen Bedingungen unterworfen, die ihn schwächen. Was also tun, um zu unmittelbarer Leistungsstärke zu gelangen?

Konzentration auf das Wesentliche!

Was will ich? Wer bin ich? Wie erreiche ich mein persönliches Gleichgewicht?

Einfache Fragen, die zu tiefgreifenden Reflexionen führen. Auf die Frage wer bin ich, kann ich mit Daten antworten. Name, Adresse, Alter, Berufsstand, Status. Ich kann aber auch tiefer gehen und überlegen, welche Charaktereigenschaften mich auszeichnen, welches Umfeld ich habe und wie mein Gefühl ist, wenn ich einschlafe.

Ich kann mich auf die Reise machen, meine Männlichkeit zu definieren. Anhalten und erfahren, so wie es Klaus macht, als er Johannes trifft (Körner, 2008). An einem bestimmten Morgen ist alles anders. An einer Weggabelung sitzt plötzlich ein Mann und lädt zu einer Wanderung ein. Eine Wanderung zu den inneren Werten und Einstellungen. Ausflüchte der Art, dass das Schicksal angenommen werden muss, entkräftet Johannes auf beinahe brutale Art. Er behauptet, dass jeder Mann seine Entscheidungen treffen kann und niemals eine Geisel seiner selbst ist. Umstände führen zwar zu Bedingungen, sind aber für Johannes keine Begründungen. Die Einheit zwischen Körper, Seele und Geist wird immer wieder in den Vordergrund gerückt, bis Klaus die Botschaft versteht und diese letztendlich auch umsetzen kann.

Um diese Botschaft geht es auch in der kontemplativen Versenkung inmitten der Natur, die wir für Spitzenkräfte regelmäßig anbieten. Das Ambiente sorgt für Ruhe und einen gleichmäßigen Fluss. In diesem wird es möglich, Resilienzfaktoren (psychische Widerstandsfähigkeit) zu stärken und Führungsqualitäten auszubilden. Es wird ein Raum geschaffen, der Entwicklung auf besondere Weise ermöglicht. Zufriedenheit und Klarheit kennzeichnen das Ende der Veranstaltung.

Männer können nehmen, sie können sich in den Mittelpunkt ihres Universums rücken. Das macht sie leistungsstark und unmittelbar. Sie können mit Konkurrenz umgehen und machen Dinge mit sich selber aus. Zahlen von Todesfällen durch Herzinfarkte zeigen aber, dass ein gesundes Herz mehr als Durchsetzungskraft braucht. Das statistische Bundesamt (2017) ist sich sicher – Herzbeschwerden sind noch immer die häufigste Todesursache in Deutschland. 868.356 Menschen sind durch Herz-Kreislauf-Erkrankungen in einem Jahr gestorben (Spiegel ONLINE, 2017). Natürlich gehören zu diesem Tod zahlreiche Facetten. Sie können aber umgehend mit einem geeigneten Stressmanagement beginnen, wie Sie es in »Alarmruf« (Chadasch, 2017) finden.

Natürlich wissen wir alle, dass Sie als Mann ein Wunder der Evaluation darstellen. Sie haben einen Prozess durchlaufen, der Ihnen hohen Respekt entgegenbringt. Sie sind vom Jäger und Sammler zum multifunktionalen Gegenüber geworden. Sie behaupten sich zwischen Karriere und Familie und sind nach wie vor ein Macher, der aber auch mal nach rechts und nach links schaut. Lernen Sie partnerschaftlich dazu und ergänzen Sie sich. Lassen Sie keine schleichende Entfremdung zu, wie es beispielsweise Rüdiger Striemer, Top-Manager der Softwarefirma adesso AG im Dokumentarfilm von Tina Soliman und Torsten Lapp (2016) beschreibt. Er wollte frei sein und gestalten, konzentrierte sich aber zunehmend auf den Gewinn einer Situation. Macht und Freiheit schlossen sich nahezu aus.

Fremdbestimmte Veränderungen zu managen und sich hierbei selber zu verlieren, belastet Spitzenkräfte. Halten Sie an, hören Sie auf Ihr Gefühl und genießen Sie Managertage inmitten der Natur, um Ihr eigenes Ziel wieder erkennen zu können und Ihre unmittelbare Leistungsstärke erneut und nachhaltig zum Manifest eines erfüllten Lebens werden zu lassen (http://www.gesundheitsakademie-chadasch.de).

5.3 7 Wege zur Gelassenheit

- Beobachten Sie das Verhalten unterschiedlicher Menschen mit Neugier und Aufmerksamkeit
- Genießen Sie es, eine Frau zu sein
- Nutzen Sie die Facetten Ihrer Männlichkeit
- Akzeptieren Sie sich, wie Sie sind
- Reflektieren Sie sich regelmäßig, aber nicht dauerhaft
- Entwickeln Sie sich in die Richtung, die Sie mit Stolz erfüllt
- Lesen Sie Bücher, die für Sie persönlich Gelassenheit vermitteln

6.   Druckausgleich

Emotionale Ordnung

Druck ist das Ergebnis einer einwirkenden Kraft auf eine Fläche. Mathematisch kann dieser im Quotienten angegeben werden. Was bedeutet aber Druck außerhalb der Physik? Oder kann der auf den Menschen wirkende Druck tatsächlich physikalisch berechnet werden?

In jedem Fall weiß schon jedes Kind, was Leistungsdruck bedeutet. Wenn die Kinder heute nicht mit perfekten Noten aufwarten, finden Sie sich in Nachhilfe- und Förderprogrammen wieder. Die Eltern wollen das Beste für ihr Kind. Vorstellungsgespräche beginnen schon auf dem Weg zu einem Platz in der Schule. Kinder wissen, welche Hobbys gesellschaftlich anerkannt sind und Pädagogen achten auf Teamfähigkeit. Soziale Werte, familiäre Stabilität, kognitive Offenheit und Kreativität, die im Gespräch präsentiert werden sollen, sorgen bei Eltern nicht selten vor den Schulaufnahmegesprächen für schlaflose Nächte. Ihr Kind soll eine wunderbare Zukunft haben. Der Druck der dabei auf die Seele ihres Kindes und auf ihre eigene einwirkt, wird zu oft unterschätzt.

Einem Bericht der Wirtschaftswoche zufolge nimmt die Überlastung bei Schülern deutlich zu (Schulte-Markwort, 2017). Michael Schulte-Markwort vom Universitätsklinikum Hamburg-Eppendorf sieht einen großen Anteil an der Entwicklung im gesellschaftlichen Druck verankert. Lerntherapeuten können helfen, den Druck bei den Schülern zu reduzieren und Herr Schulte-Markwort hält die Eltern an, professionelle Hilfe in Anspruch zu nehmen, wenn ihr Kind über einen längeren Zeitraum auffällig wirkt. Kinder leiden immer wieder an stressbedingten Depressionen. Bis zu 10% aller Jugendlichen, 2% der Kinder im Grundschulalter und bereits 1% der Kinder im Vorschulalter sind von einer Depression betroffen (Hoffmann, Petermann, Glaeske & Bachmann, 2012). Sie denken, das sind kleine Zahlen, aber ich meine, dass Kinderseelen beschützt werden müssen, wie es Bettina Wegner bereits 1979 besungen hat.

Wie kommen Menschen ohne Rückgrat durch ihr Leben? Wenn wir die Traumata und Schmerzen, die Verletzungen und Respektlosigkeiten, welche Menschen in ihrem Leben erdulden müssen, zusammenzählen würden, könnten wir das ganze Firmament füllen und würden nicht nur die Sterne zählen, wie Heintje es besungen hat, sondern die daraus entstehenden Schmerzen. Wir können geschehene Traumata nicht ändern, wir können aber dafür sorgen, dass es den uns nachfolgenden Menschen besser ergeht. Auch den durch die Erlebnisse entstandenen Gefühlen kann begegnet werden, so dass der Druck abgebaut wird.

Ein Konzept zum Druckausgleich stellt Taiji Bailong Ball dar. Diese moderne chinesische Sportart richtet sich nach den Lehren und der Philosophie des Taijichuan. Gespielt werden kann es alleine (Soloplay) oder in der Gruppe (Mulitplay). Ein gummibespanntes Racket und ein mit Sand gefüllter Ball dienen hierbei als Werkzeug. Die im Spiel ausgeführten gesunden Bewegungen wirken durch traditionelle Bewegungskünste unmittelbar auf den Körper und die Seele. Der Geist fokussiert sich.

Beim Soloplay werden Racket und Ball ohne Unterbrechung um den Körper herumgeführt. Ganzheitliche Körperbewegungen, innere Kraft sowie elastische Handtechniken ermöglichen eine unvergleichliche Choreographie. Beim Mulitplay wird der Ball in seiner Energie gebremst, bevor er an den Mitspieler zurückgeführt wird. Die Flugbahn des Balles wird mit dem Racket begleitet, so dass der Schwung dynamisch durch Führung und Begleitung dirigiert wird.

Entwickelt wurde diese entspannende Ballsportart von Professor Bai Rong. Bailong bedeutet »Weißer Drache«. Bai, die Farbe Weiß, wurde der Fünf-Elemente-Lehre (Erde, Wasser, Luft, Feuer,

Metall) zugeordnet. Long, der Drache, wurde der Legende nach fliegend und schwimmend wahrgenommen, woraus elastische und spiralförmige Bewegungen für das Spiel abgeleitet wurden. Diese dienen dazu, Emotionen zu ordnen.

Druckausgleich findet dadurch statt, dass auf den Menschen einströmende Ansprüche sortiert werden. Ähnlich wie auf einer Brücke, auf der Sie stehen und das unter Ihnen fließende Wasser wahrnehmen, die auf ihm treibenden Blätter sehen und diese dann fließen lassen, machen Sie es mit Ihrem Bewusstsein. Sie sehen den Strom Ihrer Gedanken, nehmen einzelne Gedanken wahr und lassen diese dann fließen. Lassen Sie Ihre Emotionen los. Entlassen Sie Ihren Druck. Denken Sie nicht darüber nach. Nehmen Sie einzelne Aspekte Ihrer Sorgen wahr. Wie fühlt sich die Sorge an? Welche Farbe hat der Druck, den Sie spüren? Welche Struktur hat Ihre Emotion? Bewerten Sie nicht! Nehmen Sie wahr und lassen Sie Ihre Wahrnehmung los. Praktizieren Sie diese Übung regelmäßig und Sie werden lernen, im Hier und Jetzt leistungsstark zu sein.

Sorgen beziehen sich häufig auf Vergangenheit und Zukunft.

Jetzt, in diesem einen Moment, kann Ihnen nichts geschehen. Sie müssen nichts tun. Alles wird sich regeln! Die Welt, und scheint sie noch so überlastet, wird sich weiterdrehen. Ganz egal, wie Sie mit der Situation umgegangen sind. Nehmen Sie sich selber ernst und entlasten Sie sich. Nur dann ist ein erfülltes Leben langfristig möglich. Es wird nichts geschehen, wenn Sie sich ausruhen, wenn Sie Ihren Geist entspannen, Ihre Muskeln lockern und Ihren Atem gleichmäßig fließen lassen. Nach einiger Zeit beherrschen Sie diese Methode, so dass Sie diese abrufen können, wenn Sie sie brauchen.

Eine Auszeit löst viele Ihrer Probleme auf. Bringen Sie Ihren Kindern bei, sich Auszeiten zu nehmen. Manchmal reichen wenige Minuten, um aus der Spirale von Druck und Panik zu entfliehen. Es ist möglich, dass Sie Ihrem Kind beibringen, Formen und

Strukturen zu sehen und darüber wieder Lebensfreude zu entwickeln. Es ist ein langer Weg vom Druckgeplagten zum Lebens-
künstler. Beginnen Sie in dieser Minute damit, Ihr Leben nachhaltig zu verändern und zum Manifest zu machen.

6.1 Hochdruck

Volksleiden Nummer eins

Anfang der 1990er Jahre, als ich in Süddeutschland auf dem Uni-
campus lebte, wurde ich Zeuge einer interessanten Unterhaltung.
Ein Europäer versuchte, einem Asiaten zu erklären, warum Löwenzahn Unkraut ist. Der Asiate verstand den Europäer einfach nicht
und war schwer getroffen, als der Rasenmäher das Unkraut kürzte
und ausriss. Er starrte den Europäer an und sagte: »*Bei uns wäre
diese Pflanze unbezahlbar. Erst wirft sie schöne und große Blätter
in einmaliger Form, dann blüht sie in einem kräftigen Sonnengelb
und zur Verwunderung aller formt sie sich dann zu einem
flauschigen Ball, der in alle Winde gepustet werden kann.*«

Auf diese Weise hatte der Europäer das Löwenzahn noch nie
betrachtet. Er wurde nachdenklich. Nach einer Weile sagte er:
»*Vielleicht liegt es daran, dass die Pflanze im Überfluss vorhanden ist. Erinnere dich an die Vorlesung. Das Angebot bestimmt die
Nachfrage und somit den Preis einer Sache. Europäer zahlen
lieber einen Haufen Geld für ein tropisches Holz auf ihrer
Terrasse. Egal, ob dabei Naturwälder in einem belastenden Ausmaß zerstört werden. Es ist ihnen wichtiger, als jemals die Schönheit des Löwenzahns anzuerkennen. Löwenzahn ist zu gewöhnlich, um wunderbar zu sein.*«

Gewöhnlich – wunderbar!

Beide Studenten saßen noch eine weitere Weile nachdenklich auf der Bank und betrachteten den Rasenmäher, und ich bin den beiden dankbar. Sie haben einen Teil des Volksleidens erkannt. Wichtig sein, besonders sein, sich von der Masse abheben, ohne nachzudenken, dabei zerstören und sich wertvoll fühlen. Welchen Studierenden ist es heute noch gegönnt, in der Natur zu sitzen und nachzudenken?

Schnell kommt der Hochdruckreiniger zum Einsatz. Alles muss glatt sein und der Norm entsprechen. Weicht jemand von der Norm ab, ist er ein Nutznießer und Taugenichts.

Das Gleichgewicht entscheidet.

Liegt jemand nur auf dem Sofa oder würde die Welt als soziales Schlaraffenland erleben, geht es ihm in der Regel nicht besser als einem Menschen, der permanent dauerbelastet ist. Auch er wäre gestresst. Die kleinsten Kleinigkeiten, wie das Einhalten eines Termins, würden ihn aus dem Gleichgewicht bringen. Er hätte eine Art dysexekutives Syndrom (Probleme, den Alltag zu strukturieren).

Stress als Zustand der Alarmbereitschaft ist überlebenswichtig. Würde der Körper kein Adrenalin ausschütten und den Körper hochfahren, wären wir ein leistungsschwaches Geschöpf. Einem Brand würden wir genauso zum Opfer fallen, wie einer beruflichen Herausforderung. Ohne Stress keine Leistung (Eustress = positiver Stress). Stress ist erst dann schlecht, wenn das Gleichgewicht fehlt. Aus Eustress wird Distress (negativer Stress), wenn er zu lange anhält und das vom Körper ausgeschüttete Noradrenalin nicht wirken kann. Das Noradrenalin ist neben zahlreichen anderen Botenstoffen dafür zuständig, den Körper durch die Weitstellung der Gefäße intensiver mit Sauerstoff und Nährstoffen zu versorgen. Kohlendioxid kann abgebaut und Ablagerungsprodukte können abtransportiert werden.

Das Hochgefühl, welches sich einstellt, wenn Herausforderungen bewältigt wurden, steigert das Selbstbewusstsein. Ein beschwingtes Freiheitsgefühl und das Wissen darum, alles schaffen zu können, ist unbeschreiblich schön. Für die Zukunft sind Sie dann durch die gemachte Erfahrung gewappnet.

Gehen Sie achtsam mit sich um und stärken Sie Ihre Resilienz. Diese psychische Widerstandsfähigkeit ermöglicht es Ihnen immer wieder, aus dem Hochdruckbereich herauszutreten und Ihr Tempo selber zu bestimmen! Diese Fähigkeit können Sie schrittweise ausbauen und stärken. Vielleicht hat Ihre Tochter oder Ihr Sohn Glück und Sie stärken schon im Kindesalter ihre und seine Resilienz. Die ersten 6 Lebensjahre entscheiden darüber, mit welchem Grundkapital an Widerstandsfähigkeit ein Mensch seinen Lebensweg beschreiten muss. Nach diesem Alter ist es natürlich auch möglich, die Resilienzfaktoren zu stärken – aber Sie wissen, dann ist es deutlich mehr Arbeit.

Beschützen Sie Ihre Kinder und lassen Sie sie voller Stolz und Mitgefühl durch ein gesundes und leistungsstarkes Leben gehen, auf das sie stolz sein können.

6.2 Bilanz

Meisterschaft des Eifers

Jahreszeiten lehren uns in einem angemessenen Tempo leistungsstark und unmittelbar das Manifest unseres Lebens mit Erfüllung anzureichern. Wunderbare Worte, die mit Sinn gefüllt werden müssen. Das gelingt Notker Wolf und Anselm Grün (beide Benediktiner) in ihren Büchern hervorragend. Mit den zahlreichen Büchern, die ich von beiden besitze, reifte der Wunsch, beide einmal persönlich kennenzulernen. Von weitem konnte ich zumindest Anselm Grün lauschen. Auch aus seinem Sekretariat bekam ich heilsame Worte. Viele weitere, persönliche Geschenke, für die ich unendlich dankbar bin, folgten! Bei Notker Wolf wurde ich durch mir unerklärliche Gründe wenige Stunden vor Veranstaltungsbeginn vom Veranstalter ausgeladen. Eine bittere Erfahrung.

Ich konnte es nicht glauben und schrieb, was das Zeug hielt, dass es nicht möglich sei mich auszuladen, unter keinen Umständen! Ich zog alle Register und ereiferte mich, bis ich völlig erschöpft war. Im Nachhinein frage ich mich, ob ich hätte einfach hinfahren sollen, denn das Ausladen hätte ich ja nicht im E-Mail-Account sehen müssen.

Vielen Menschen passiert folgendes: Wenn sie von einem Menschen enttäuscht werden, übertragen sie diese Enttäuschung auf andere Menschen. Das würde in meinem Fall heißen, dass ich kein Fan mehr von Notker Wolf bin, weil der Veranstalter mich maßlos enttäuscht hat.

Im übertragenden Sinn würde das heißen, ein Arbeitskollege haut mich in die Pfanne und ich verbünde mich mit anderen, um vor weiteren Menschen geschützt zu sein. Bereits in der Kindheit greifen diese Muster um sich. Wenn ich gehänselt wurde, lege ich mein damaliges Verhalten vielleicht niemals ab, weil ich nun mal der geborene Mensch bin, um gehänselt zu werden. Meine Erwartung zieht sich durch mein Leben. Und die Bilanz kurz vor der Alzheimererkrankung fällt negativ aus.

Warum soll ich aber nicht Meister des Optimismus werden? Wenn ich einmal enttäuscht und gekränkt worden bin und davon ausgehe, dass jeder nur eine bestimmte Last zu tragen hat, habe ich diese Demütigung hinter mir und kann befreit in die Zukunft blicken!

Ich wurde schon in jungen Jahren wegen meines Optimismus angegriffen. Und wenn mir das heute passiert, mache ich aus der

Situation ein direktes Feldexperiment. Ich beobachte, analysiere, amüsiere mich und probiere diverse Verhaltensweisen aus, um meinen Erfahrungsreichtum zu vertiefen. Mein Optimismus schadet niemandem, aber so mancher möchte seinen eigenen Pessimismus loswerden und agiert aus Neid. Eine mir völlig fremde Emotion.

Ich grübelte auch über die Absage der Veranstaltung mit Notker Wolf nach und erinnerte mich, dass ich den Veranstalter gefragt hatte ob es ihm recht sei, wenn ich meine Flyer für kontemplative Managertage auf der Veranstaltung verteile. War das etwa der Grund für meine Ausladung? Warum hatte der Veranstalter nicht geschrieben, nein, das wollen wir nicht? Ich war ja, wie ich es immer tue, mit meiner Frage offen umgegangen. Kurzum schrieb ich dem Veranstalter, um zu klären, ob das zur Ausladung geführt hatte. Es gab die fadenscheinige Begründung, dass wichtige Gäste mir vorzuziehen waren. Ehrlich gesagt erboste mich diese Begründung beinahe noch mehr, weil sie nicht ehrlich wirkte. Was sollte das denn?

Irgendwann war es nicht mehr möglich, eine vernünftige Erläuterung zu erwarten. Obwohl diese Situation zahlreiche Jahre verstrichen ist, habe ich die Geschäfte des Veranstalters immer wieder verfolgt. Das Unternehmen hat sich aufgelöst. Und Notker Wolf, der von all dem nichts weiß, ist in meinem Bücherschrank mit seinen Weisheiten und seiner Lebensfreude gewachsen. Und wer weiß, vielleicht kreuzen unsere Wege sich irgendwann einmal …

6.3 5 Möglichkeiten, Druck gezielt abzubauen

- Relativieren Sie den auf Sie einwirkenden Leistungsdruck
- Achten Sie auf Ihre Kinder und nehmen Sie Ihre Fürsorge ernst
- Finden Sie einen entspannenden Ausgleich zu dem auf Sie wirkenden Druck
- Nutzen Sie Niederschwellenangebote, so dass der Druckausgleich nicht durch eine neue Form der Anstrengung abgelöst wird
- Nutzen Sie Ihre persönliche Bilanz, um glücklich durch Ihr Leben zu gehen – korrigieren Sie, was Ihnen nicht gefällt und lassen Sie nur positive Erinnerungen in sich nachhallen

7. Anerkennung im religiösen Kontext

Gelegenheiten oder Grenzen

Ich bin ein sehr religiöser Mensch. Dafür bin ich dankbar, denn egal, was geschieht, vertraue ich auf einen höheren Sinn. Das Schöne ist, dass ich überall beten kann. In der Kirche, in der Moschee, in der Synagoge, im Tempel oder in der Natur. Es gelingt sogar bei mir zuhause, alleine und in der Gruppe.

Das Interessante ist aber im Grunde genommen, dass ich nicht wirklich etwas habe, für das ich bitte, denn mein Vertrauen auf die richtige Führung ist so groß, dass ich davon überzeugt bin, dass für mich gesorgt wird. Das heißt nicht, dass ich keine Tiefschläge hinnehmen müsste. Im Gegenteil. Das bedeutet nur, dass ich, nachdem ich alle dazugehörigen Emotionen durchlebt habe, gelassen auf die Situation blicke und mich freue, dass jemand auf mich aufpasst, der es einfach besser weiß und in einem weitaus größeren Kontext meine Lebensplanung und Entwicklung angeht.

Wie ist es bei Ihnen? Können Sie genau wie ich Ihre Leistungsstärke durch ein unendlich großes Vertrauen steigern? Sind Sie frei und unbelastet? Haben Sie Tankstellen für Ihre Kraft?

Eine Krafttankstelle stellt für unsere Familie ein besonderes Ritual dar. Wir fahren mit unserer Familie jährlich für eine lange Zeit auf eine wunderbare und stille Insel. Von dieser Insel hörte ich als Kind wie von einem Märchenwald. Es gibt keine Autos, nur Pferde ziehen die Wagen, es ist möglich, zahlreiche Tiere zu sehen und mit den Gezeiten zu leben. Bei meinem ersten tatsächlichen Besuch vor Ort war ich lange nicht so berührt, wie ich es heute immer bin. Je länger wir dort leben und je öfters wir dort sind, desto tiefer ist das Glück. Es erinnert mich an die Zeiten als Backpacker, in denen ich monatelang unterwegs war und nichts von den Themen, welche die Welt bewegten, mitbekommen habe.

Zu Anfang kann diese Freiheit nervös machen – aber dann, wenn Sie Ihren Rhythmus wiedergefunden haben, ist das Gefühl unbeschreiblich und so manches Mal möchte ich nicht in die Hektik des Asphaltlebens zurück.

In diesem Jahr habe ich einen wunderbaren Spruch für mein Büro erstanden. Auf diesem steht »Den Sorglosen gehört die Welt«. Das ist nicht der einzige Spruch bei uns zuhause. Am Morgen blicken wir auf »Gib jedem Tag die Chance, der schönste deines Lebens zu werden« (Mark Twain). Im Treppenhaus hängt »Wir sind, was wir denken« und im Eingangsbereich sind zahlreiche Kraftsprüche vertreten. Das alles ist für mich persönlich Gebet. Gebet bedeutet dankbar zu sein, offen zu sein für das Schöne.

Es fällt mir schwer, die Unzufriedenheit auszuhalten, wie sie mir beispielsweise bei einem Spaziergang vor etwa 12 Jahren begegnet ist. Eine wunderbare Landschaft, kombiniert mit perfektem Wetter, lachende Kinder und blühende Blumen. Die Mutter des Hauses verwirrt, unzufrieden, nörgelnd über ihren Ehemann. Warum? Warum konnte sie das Gute nicht sehen? Warum konnte sie den Luxus nicht erkennen und letztendlich von ihrer Freude abgeben?

Ist es nicht respektlos, wenn Sie sich Zeit nehmen, um diese mit einem lieben Menschen zu verbringen und als Mülleimer für schlechte Laune missbraucht werden? Natürlich kann es jedem und vor allem guten Freunden schlecht gehen. Trotzdem ist es auch Ihre eigene Lebenszeit und Sie müssen unbedingt Grenzen ziehen. Grenzen, die Ihnen helfen, Ihre eigene Mitte zu schützen, mit Ihrer persönlichen Energie Haus zu halten und den religiösen Weg ernst zu nehmen.

**Religion auszuüben heißt, für die anderen zu sorgen
und auf sich selbst zu achten.**

Jahrelang habe ich mir Gedanken gemacht, ob es richtig gewesen ist, eine jahrzehntelange Freundschaft aufzugeben. Alle Argumente habe ich immer wieder bedacht. Meine eigenen Fehler wurden in meiner Erinnerung unermesslich groß und mein Wunsch gelassener, freundlicher zu sein, immens.

Als auch ein geplantes Gespräch uns nicht weiterbrachte und ich am Ende des Tages sprachlos in einem Café saß, um darüber nachzudenken, was passiert war, kam ich nicht weiter. Ein mir über Jahrzehnte nahestehender Mensch schloss mich aus mit den Worten: »Du hast keine Kinder. Mit dir kann ich nicht befreundet sein.« Ich war sprachlos – und ich erzählte nicht, dass ich schwanger bin. Wie konnte es sein, dass jemand, der mich mal gemocht hatte und um meinen jahrzehntelangen Kinderwunsch wusste, um meine damit verbundenen sehnsüchtigen Schmerzen und Anstrengungen, so einen Satz zu mir sagt? Wie konnte es sein, dass ein Mensch, der mich sehr gut gekannt hat, darüber sprach, dass ich als kinderlose Frau nicht dazugehörte? Ich hatte jahrzehntelang Kinder gepflegt, begleitet, aufgefangen und stark gemacht für ihr Leben. Jahrelang hatte ich Familien beraten und begleitet, ihnen geholfen und Kinder im Arm gehalten, die im Sterben lagen. Ich war spezialisiert auf das Leben mit Kindern und hatte immer Kinder und Patenkinder um mich herum.

Ich habe in Heimen gearbeitet, in zahlreichen Ländern Kinder unterstützt und ein Familienzentrum saniert. Kinder waren mein Leben. Ihre eigenen Kinder saßen oft auf meinem Schoß und lauschten der Geschichte, die ich vorlas.

Ich saß in diesem Café, mit dem Kind in meinem Leib und ruhte in mir. Ich ließ die Freundschaft los.

Trotzdem habe ich immer wieder über diese Begegnung und über andere Begegnungen nachgedacht. Ich war getroffen. Was hatte ich dieser Person getan, dass sie mich so tief verletzte?

Die vollständige Überwindung des Leidens ist im Buddhismus eine zentrale Methode.

Leid wird im Buddhismus als Wesen der materiellen Existenz betrachtet.

Ich habe nach zwanzig leidvollen Jahren meinen sehnlichen Kinderwunsch endlich loslassen können. Ich bin befreit! Zum einen habe ich das K für Kinderwunsch gegen ein anderes K eingetauscht und freue mich darüber. Zum anderen betrachte ich alle Kinder der Welt als meine Teilaufgabe, denn ich habe Kindern sehr viel zu geben und kenne keine Tabuthemen, mit denen sie alleine sein sollten. Ich habe einige Patenkinder, auf die ich sehr stolz bin. Auch Nichten und Neffen umgeben mich mit ihren bereits aufwachsenden Kindern, die mich erfreuen. Kinder sind wie die Luft zum Atmen. Das Elixier des Lebens – und ich hätte liebend gern ein Kind bis zum Ende in mir wachsen gefühlt, es gesund geboren und aufwachsen sehen. Aber wie meine Mutter sagt: »Du bist sicherlich für etwas Anderes geboren. Du hilfst so vielen Menschen.« Mit ein wenig Phantasie können Sie hier auch meinen Vater vor sich sehen, der beteuert: »Du bist so wichtig und so gut.«

Auftrag – Vertrauen – Erkenntnis

Auch wenn es manchmal noch weh tut, lerne ich, was ich lernen muss – mich um mich selber zu kümmern, auf mich zu achten, mich selber wertzuschätzen und mit einem offenen Herzen, offenen Augen und Ohren und viel Feingefühl durch die Welt zu schreiten, um das zu verbessern was ich verbessern, kann. Mich anzunehmen mit meinen Fehlern und dem anderen die bestmögliche Entwicklungschance zu geben.

Meine Freundin von damals schließe ich, wie einige Weggefährten, immer mal wieder in positive, dankbare und beschützende Gedanken ein und bin heute wieder im Kontakt. Noch immer verstehen wir gegenseitig nicht, was uns bewegt hat. Wir durften wachsen und frei sein. Meinte Jesus das, als er sagte: »Ihr sollt wie die Kinder werden«? Diese unabänderliche Leichtigkeit, dieses Urvertrauen, welches gesund aufwachsende Kinder haben, sollten wir uns bewahren – oder erwerben. Es lohnt sich!

Eigene Fehler im Lebensverlauf dankbar anzunehmen, ist keine geringere Aufgabe.

7.1 Angelegenheit

Würdevolle Leistungen

Im Herbst war ich auf einer wunderbaren Hochzeitsfeier. Ich traf auf Menschen, die ich lange kannte und sehr lange nicht gesehen habe. Manche waren darunter, zu denen ich nach innigen Jahren den Kontakt verloren habe und mich in den letzten Jahren immer wieder fragte, warum es so gekommen ist, denn um manch einen Menschen tat es mir leid. Und mit der Offenheit meines Herzens erfuhr ich an diesem Tag die Antwort auf meine Frage.

Es war wunderbar, ausgelassen und ganz bei mir zu sein, in Gespräche einzutauchen und Gefühle zahlreicher Menschen wahrzunehmen. Und dann beim Anstehen zum kulinarischen Festmahl kam es zu einem Kontakt, den ich mir oft in meiner Phantasie ausgemalt habe. Die Dame sprach mich an – und zwar direkt mitten ins Herz. Nicht im positiven Sinn, sondern so, wie es in Albträumen von Klassentreffen geschieht. Mitten auf die 12.

Ich reagierte souverän und blieb in meiner eigenen Mitte!

Stolz berichtete ich meiner Begleitung, wie souverän ich agiert hatte. Der Tag lief wunderbar weiter und ich hatte viel Spaß. Und Schwupps, mein Geist aus der Vergangenheit ließ sich nicht beirren und immer wieder stellte sie dieselbe Frage in die Mitte meines höchstpersönlichen Zentrums. Profi, wie ich mittlerweile bin, war das kein Problem, denn ich agierte, wie ich es wollte, gab nichts preis und blieb bei mir.

Nach dem achten Anlauf der Dame, überdachte ich meine Strategie und ließ mich auf eine persönliche Feldstudie ein. Ich erzählte von einem Problem aus meinem Leben und war gespannt auf die Reaktion.

Das, was dann geschah, habe ich nicht vorhergesehen und es beschäftigte mich einige Wochen. Die Stimmung auf diesem wunderbaren Fest kippte massiv, als die Dame, welche mich viele Jahre nicht gesehen hatte und durch ihre Belagerung etwas über mich erfahren hatte, wonach sie geiferte, über mich urteilte. Sie erzählte mir, dass ich mich in den letzten 20 Jahren nicht entwickelt hätte und welche massiven Fehler zu meiner Person gehörten. Dann stand sie auf und ging tanzen.

Aus psychologischer Sicht interessierte mich sehr, was da gerade geschehen war und ich folgte ihr auf die Tanzfläche. Klar formulierte und codierte ich die Frage, was das für eine Aktion gewesen sei – und erlebte das vorherige noch einmal. Mir wurde mitgeteilt, welch Loser ich sei und dann wurde ich stehen gelassen. Ein wenig wie in einem schlechten Film.

Ich ging an die Luft und setzte mich dann an den Tisch gegenüber und nahm unerwiderten Blickkontakt zu der Dame auf. Eine Frage ging mir durch den Kopf. Wie schlecht muss es einem Menschen gehen, der über einen anderen Menschen richtet? Ohne auch nur etwas aus meinen letzten 20 Jahren zu wissen, die durchaus erfolgreich verlaufen waren, grub diese Dame so lange an mir herum, bis sie die für sich möglicherweise wichtige Bestätigung erhielt, dass ich ein Loser sei. Das ist eine sehr spannende Situation.

Wie leicht wäre es für mich gewesen, die Dame, die ich zum einen sehr gut mit all ihren wunden Punkten kannte und zum anderen auf der Metaebene wahrnahm, zu verletzten. Ich hätte sie mit zwei Sätzen schachmatt setzen und schwer treffen können. Eine Erkenntnis dieses Tages war, dass ich das weder wollte noch tat. Das habe ich nicht nötig.

Ich erlebte ein unglaublich schönes Gefühl von Freiheit, denn all mein Grübeln der letzten Jahre, warum manche Kontakte sich auflösen, fiel von mir ab. Das Vertrauen darauf, dass mein Unterbewusstsein gelegentlich bessere Entscheidungen trifft als mein Bewusstsein, gab mir ein wundervolles Vertrauen der Zuversicht und der Freude. Ich war so sehr im Hier und Jetzt, dass ich einen der schönsten Tage in meinem Leben erlebte. Ich lernte neue Menschen kennen, die ich schon einige Male gesehen, aber bisher nicht kennengelernt hatte. Neue Freundschaften entstanden, denn ich hatte Raum in mir und nahm Gefühle ungefiltert wahr. Ich traf auf eine Dame, die mit mir Stunden verbrachte, die ich seit meiner Jugend nicht mehr kannte und die ich in vollen Zügen genoss.

**Der Fluss der Ehrlichkeit und Nähe der Jugend,
in der die ganze Welt einfach nur ist, was sie ist,
erfüllte mein ganzes Sein.**

Eine wunderbare Dame, ohne Masken und mit einer Aufrichtigkeit und Fürsorge berührte mich so sehr, dass ich bis heute ein Gefühl von Freundschaft und Glück habe, wenn wir uns treffen. Natürlich ist es ein Kampf, Zeiten freizuschaufeln, in denen wir eine gemeinsame Mädchenzeit erleben, aber das ist ein Tor zu neuer Lebensfülle voller unmittelbarer Leistungsstärke.

Ich traf, auf die Hochzeit folgend, einige tolle Frauen, und mit einigen entstanden neue Freundschaften. Sonntags untergehakt lachend am Rhein entlanglaufen und Herzensdinge austauschen, Caféeschichten nach der Arbeit und wunderbare Unternehmungen luden mich in eine völlig neue und hoffnungsvolle Lebensphase ein. Ich begann damit, Saxophon zu spielen und das Leben in seiner Fülle zu genießen, wie ich es seit Jahren nicht mehr getan hatte.

Das wünsche ich auch Ihnen! Lassen Sie sich ein auf Erkenntnisse über Ihr eigenes Leben, die Sie nicht nur befreien, sondern die Ihnen ein Lebensglück schenken, welches zum Manifest Ihres Lebens gehören muss, um die ganze Fülle der Freude zu schmecken!

7.2 Zielpunkt

Unvermittelbarkeit

Welchen Zweck erfüllt Ihr Leben für Sie persönlich? Sind Sie für andere da? Erfinden Sie sich selber neu? Wollen Sie Ihre Liebe untermauern? Oder ist Ihnen Ihre Bildung wichtig? Möchten Sie athletisch sein oder nur von anderen Menschen bewundert werden? Wäre Ihr Leben in Ordnung, wenn Sie beruflich besser aufgestellt wären oder wenn Ihre Kollegin endlich das Weite suchen würden? Wäre alles leichter, wenn Ihr Partner oder Ihre Partnerin endlich treu wäre? Pflegen Sie Ihre Eltern voller Hingabe oder verwirklichen Sie sich, indem Sie ganz in Ihren Kindern aufgehen?

Wichtig ist, dass Sie Ziele haben, die Sie verfolgen und deren Erreichen Sie feiern können. Diese Ziele müssen Sie genau definieren können, nicht in langen Reden erläutern, sondern wie beim Elevator Pitch zusammenfassend auf den Punkt bringen. Wenn ich Sie frage, was ist Ihr Ziel, müssen Sie in einem Satz sagen können, was genau Ihr persönliches Ziel ist und warum. An dieser simplen Frage und Antwortsequenz scheitern bis zu 90% aller Menschen. Jede Teamsitzung, die unvorteilhaft verläuft, scheitert an dieser nicht vorhandenen Klarheit. Was will ich? Was erwarte ich vom anderen? Wann bin ich zufrieden?

Die meisten Menschen besprechen Dinge und erwarten von ihrem Gegenüber, dass ihre Bedürfnisse erfüllt werden. Das Gegenüber weiß aber in der Regel nicht, worum es eigentlich geht, da die Fakten durch die Emotionen unersichtlich sind.

Nehmen wir das Beispiel innerhalb einer Beziehung. Die Frau ist unzufrieden und möchte ausgehen. Sie schluckt dieses Bedürfnis immer wieder hinunter. Letztendlich vergisst sie, dass sie ausgehen möchte. Sie spürt allerdings eine undefinierbare Unzufriedenheit. Diese wächst Tag für Tag. Der Mann geht davon aus, dass die Beziehung zufriedenstellend läuft, denn es ist alles reibungslos. Plötzlich und unerwartet ein Vulkanausbruch. Sie schreit ihn an, wirft ihm alles Mögliche vor. Er versteht die Welt nicht mehr und versucht, herauszuhören, was er tun soll, damit er wieder Ruhe und Frieden mit ihr erleben kann. Er denkt beispielsweise, er soll die Müllbeutel zur Mülltonne bringen und tut dies widerwillig. Als Held kehrt er von der Mülltonne zurück und versteht nichts, als sie immer noch kocht und ihm Wut und Unzufriedenheit entgegenschleudert. Er räumt die Spülmaschine aus und erledigt eine Hausarbeit nach der anderen, ohne dass sich die häusliche Stimmung verändert.

Schließlich platzt ihm der Kragen, da er sich ungerecht behandelt fühlt. Sie bricht in Tränen aus und für sie geht die Welt unter.

Was passiert hier und in zahlreichen Haushalten immer und immer und immer wieder? Beide agieren, ohne zu reflektieren und können ihr Ziel nicht erreichen. Zum einen können sie ihre eigentliche Botschaft nicht formulieren. Zum anderen wissen sie häufig nicht, was ihre eigentliche Botschaft ist. Sie wissen nur, dass der andere Schuld ist an ihrem Unglück.

Das Dramatische an dieser Situation ist, dass beide angestrengt sind und sich immer tiefer in Verletzungen und Streit katapultieren. Im Grunde genommen müssten sie die Metaebene für sich nutzen, um sich selber, den anderen und die Situation aus einem anderen Blickwinkel zu betrachten, zur Ruhe zu kommen und den Gesprächsverlauf neu zu bewerten. Dann müssten sich beide fragen, was genau will ich eigentlich und wie codiere/formuliere ich das für mein Gegenüber nachvollziehbar?

Was GENAU will ich eigentlich und wie kann ich mein Ziel erreichen?

Diese Grundlage einer strategischen Planung, die viele für sich im Beruf nutzen, geht aber sowohl im beruflichen als auch im privaten Konflikt häufig verloren und niemand weiß letztendlich mehr, was genau er eigentlich erreichen will. Es geht nur noch um Angriff und Verteidigung. Aber sollten wir nicht als überzeugte Pazifisten unser Privatleben gestalten? Niemand lebt gern auf einem Minenfeld.

Wo ist aber der Ausweg aus diesen so unschönen und täglich millionenfach vorkommenden Situationen? Beide müssen sich hinsetzen und sich anschauen, jeder sagt, was er wirklich möchte, was ihn stört und was er sich wünscht. Sobald die Stimme erhoben wird oder es zu einer angreifenden Wortwahl kommt, sorgen beide dafür, dass das Gespräch ausgesetzt wird, denn an diesen Stellen wird es unsachlich, handelt sich nicht mehr um die zu klärenden Fakten und führt zu Verletzungen, die für eine noch größere Distanz sorgen. An diesen Stellen, wenn die Emotionen die Gesprächskontrolle übernehmen, geht die Kontrolle um die Lösung der Situation verloren. Das Gespräch kann zu keinem Erfolg führen und sofern kein diszipliniertes Einschreiten von beiden Gesprächsparteien erfolgt, distanzieren sich beide voneinander. Beide sind verletzt und angestrengt.

Wollen sie aber ihre Bedürfnisse befriedigen und daran anknüpfen, dass sie sich füreinander entschieden haben, müssen sie diesen Schatz wahren. Sie müssen die Verantwortung für ihre eigene Klarheit übernehmen, zu ihren Wünschen stehen und diese ehrlich und offen kommunizieren. Schulz von Thun (2014) spricht bei der Anatomie einer Nachricht von den unterschiedlichen Aspekten, mit denen die Botschaft, also der Inhalt der Nachricht vermittelt und wahrgenommen werden kann. Mit seinem »Vier-Ohren-Modell« beschreibt er die vier Ebenen der Kommunikation. Der Sachinhalt, der Appell, die Selbstoffenbarung und der Beziehungsaspekt sind Teile, die in jeder Kommunikation zum Tragen kommen.

Der Sachinhalt ist der Inhalt der Kommunikation, wie Schulz von Thun (2014) mit einem Beispiel umschreibt: »Die Ampel ist grün.« Der Appell, der mit der Botschaft transportiert wird, ist möglicherweise: »Fahr doch bitte los« oder »Du bist ein unaufmerksamer Fahrer, hör auf, mich damit zu nerven« oder »Ich würde gerne am Steuer sitzen, also rück herüber«. Hier ist bereits die Selbstoffenbarung, das, was ich über mich selber in der Kommunikation zum Ausdruck bringe, ersichtlich. Ich möchte vielleicht nichts über mich aussagen, tue es aber. Ich offenbare einen Aspekt meiner selbst. Ich kläre darüber auf, wer ich bin, was mich ausmacht und wo meine Wünsche verankert sind. Ich mache mich verständlich.

Und genau an dieser Stelle öffne ich meine Seele für Verletzungen. Wenn ich in meiner Selbstoffenbarung nicht angenommen werde, wenn ich nicht aufgefangen werde in dem Moment, in dem ich mich verletzlich mache, dann schlage ich zurück. Bevor mir der andere noch einmal so weh tun kann, passe ich besser auf. »Du musst härter werden, nicht alles an dich heranlassen, abstumpfen. Werde realistisch ...« Viele solcher Sätze haben viele Menschen im Verlauf ihres Lebens begleitet.

Aber welche Konsequenz hat es, wenn ich mich selber offenbare, verletzt und alleine zurückbleibe und mich dafür entscheide, aus dieser Erfahrung zu lernen und mich ab sofort selber zu schützen?

Zum einen werde ich natürlich überlebensfähig und schütze meine eigene Gesundheit. Zum anderen bezahle ich den Preis,

Menschen zu misstrauen, Tiefe nicht mehr zu erleben und mich nicht mehr fallen lassen zu können. In dieser Naivität, die ich nur noch entwickele, wenn ich frisch verliebt bin, befinde ich mich im Verlauf meines erwachsenen Lebens also nicht mehr? Es gelten andere Gesetze. Ich bin weich. Ich bin offen. Ich fließe mit dem anderen, dessen Universum ich bin, dahin. Dieses Gefühl der absoluten Ehrlichkeit, Nacktheit und Selbstoffenbarung zu erleben und geschützt, wohlbehalten und geborgen zu sein, macht die wunderbarsten Momente des Lebens aus.

Die Beziehungsebene ändert sich dann Schritt für Schritt und die rosarote Brille trübt sich. Ob eine respektvolle, offene Atmosphäre entsteht und sich Menschen miteinander entwickeln können oder ob sie sich gegenseitig zerstören, liegt an der Grundeinstellung beider Personen und spiegelt sich in der Kommunikation wieder.

Der Beziehungsexperte Dominik Borde sagt, dass Liebe sogar in Hass umschlagen kann. In diesem Fall müssen beide Parteien an einem gesunden Selbstwertgefühl arbeiten, wie Borde und Lühn (2014) beschreiben. Es geht um die Frage, welche sich beide Parteien selber diszipliniert stellen müssen: Was für eine Art von Mensch wollen sie sein?

Chuck Spezzano (2015) weiß, dass wenn die Beziehung verletzt, es keine Liebe ist. Dennoch verwechseln so viele Paare auf der Suche nach ihrer Sehnsuchtserfüllung Liebesgefühle mit anderen Gefühlen wie Abhängigkeit, Machtbesessenheit oder auch Bedürfnisbefriedigung. Oft fragen wir uns, ob es die wahre Liebe überhaupt gibt. Und die Antwort ist – natürlich ja!

Blicken wir auf Michelle und Barack Obama. Beide kennen sich seit Jahrzehnten, haben gemeinsame Ziele und unterstützen den anderen, so dass das Ergebnis für beide Freude und Aufrichtigkeit dem anderen gegenüber ist. Ein anderes prominentes Paar sind Berta und Karel Bobath. Sie, eine deutsche Physiotherapeutin und er ein Neurologe, der ungarische Wurzeln hatte. Sie befruchteten sich gegenseitig und entwickelten ein revolutionäres Konzept zur

Behandlung von Patienten mit Erkrankungen des zentralen Nervensystems. Die Kombination aus anatomischem und physiologischem Wissen ermöglichte den beiden ein multidisziplinäres und rehabilitatives Behandlungskonzept, welches noch heute für zahlreiche Patienten ein großer Gewinn ist. Beide wählten zum Ende ihres Lebens den gemeinsamen Suizid.

War das nun das Manifest eines erfüllten Lebens?

7.3   8 Schritte zu garantierter Anerkennung

- Lassen Sie Verletzungen los
- Schließen Sie alle Menschen in positive Gedanken ein
- Legen Sie Ihre Sorgen vertrauensvoll in höhere Hände
- Pflegen Sie Ihre Kinderseele
- Gestalten Sie Ihren Elevator Pitch
- Werden Sie sich darüber klar, was Sie aussagen möchten
- Senden Sie die Botschaft, die Sie wirklich senden möchten
- Disziplinieren Sie sich

8. Treue zum eigenen Selbst

Tagesordnung Untreue

Die Treue zum eigenen Selbst ist der Mittelpunkt eines Manifestes für das eigene Leben. Wer sich selbst nicht kennt, wer sich selbst nicht achtet, der hat nahezu keine Chance unmittelbare Leistungsstärke zu erleben, weil er immer blockiert ist und nur mit einem Teil seiner ganzen Energie agieren kann.

Um sich selber treu zu sein, muss man im Laufe seines Lebens Grenzerfahrungen gemacht haben und sich zwischen den Erwartungen des sozialen Umfeldes und den eigenen Wertvorstellungen selber finden. Viele Menschen erreichen nie den Punkt, selbstbestimmt zu leben. Doch den meisten gelingt es vor allem in der nicht selten verwirrenden Zeit der Pubertät die Welt zu kreieren, die sie sich selber wünschen. Sie müssen zwischen Empathie und manchmal verletzender Selbstbestimmung ihre Vorstellungen durchsetzen. Im späteren Lebensverlauf lernen sie, diplomatischer zu sein. Es ist möglich, einen Konsens zu finden, ohne sich selber zu verlieren.

Verletzte Menschen, wie beispielsweise in einer TV-Sendung gezeigt, können sich nicht öffnen, wenn sie von Gefühlen übermannt werden. Sie schließen ihr Gegenüber aus und geben keine klaren Signale, dass sie sich im Grunde genommen Nähe wünschen und gehalten werden möchten. Erlebt ein Mensch in seinem Entwicklungsprozess nicht die Geborgenheit und Leichtigkeit, die beim Heranwachsen wichtig sind, ist es schwer, ein Gefühl dafür zu entwickeln, behütet zu sein, wenn sie etwas von sich preisgeben. Sie erreichen allerdings so lange das Gegenteil, bis sie neue Verhaltensmuster für sich erlernen und durch positive Erfahrungen mutiger werden.

In den letzten Monaten wurde ich immer wieder gefragt, wie ich persönlich die Treue zum eigenen Selbst umsetze. Meine Zuhörer, extrem inspiriert durch ihre durch mich vermittelten Möglichkeiten, wollten mehr wissen. Sie wollten wissen, ob das theoretische Konstrukt praktisch greift.

Das herausragende an dem Wunsch meiner Zuhörer war, dass ich zu diesem Zeitpunkt die schwerste Krise meines Daseins durchlebte. Durch mein professionelles Handeln und durch das mir zuteilwerdende Glück war diese Krise beruflich nicht sichtbar. Das verschafft mir nun die Möglichkeit, diese überaus anstrengende Lebensphase auf der Metaebene zu betrachten.

Mein Selbst ist ein stabiles Konstrukt. Das kommt durch meine lebenslange Ausrichtung auf Meditation, Kontemplation, Entwicklung und Aktivität. Trotzdem wurde mir der Boden unter meinen Füßen weggezogen. Von den fünf Stabilitätssäulen fiel eine nach der anderen in sich zusammen. Familie, soziales Umfeld, finanzielle Situation und Gesundheit. Verblieben war mir lediglich der Beruf. Meine Leser wissen, dass ein bis zwei Säulen der Stabilität durch das Vorhandensein der übrigen drei Säulen aufgefangen werden können und dass ich immer wieder empfehle, sich professionelle Hilfe zu holen, wenn mehr als zwei Säulen beeinträchtigt sind.

Für mich persönlich ist das Ergreifen professioneller Hilfe nicht immer einfach, denn ich bin der Experte für Lösungen und Agilität. Somit übermannte meine Berater gerne die Bewunderung und ich hatte einen Rollenkonflikt. Ich löste schnell mal noch die Probleme meines Gegenübers, bis ich endlich in sich gefestigte Personen traf.

In der Zwischenzeit konnte ich die Telefonseelsorge kennen und schätzen lernen. Hier erfuhr ich immer wieder, wie stark ich bin und stabilisierte meine Daseinsberechtigung in dieser Welt. Zeitgleich durchstöberte ich meine eigene Literatur und kann auch diesmal wieder bestätigen, dass meine Ideen aus »Alarmruf –

Auswege für erschöpfte Manager« in Krisenzeiten tatsächlich greifen.

Warum aber stand die Treue zu meinem eigenen Selbst überhaupt in Frage?

Durch bestimmte Entwicklungen, die sich in den letzten Jahren meines Lebens ergeben haben, wurden alle meine Werte erschüttert. Mein Wertesystem stand in Frage – und das in einem unvorstellbar großen Ausmaß. Ich habe extrem viel Energie in etwas gesetzt, was gescheitert ist. Hierfür habe ich viel Kraft aufgebracht und war absolut verloren in dem, was mich ausmacht. Die Leser, welche mich kennen, wissen, dass ich es liebe, salutogenetisch zu denken. Die Forschungsberichte von Aaron Antonovsky (1997) geben mir viel Kraft. Ich fragte mich also, welchen Sinn hat es, so tief zu fallen? Oft wusste ich den Sinn und war mit ihm versöhnt, aber gelegentlich übermannte mich der Schmerz. Auch die Verstehbarkeit forderte mich heraus. Ich konnte nur schwer begreifen, warum alles so ist, wie es ist. Natürlich hatte ich auch an dieser Stelle sehr wache und weise Momente. Neben den Zweifeln ist die Suche entscheidend. Wie so schön gesagt wird, immer wieder aufstehen, die Krone richten und weitermachen. Dazwischen wäre es allerdings für viele Menschen ratsam, nachzudenken.

Dennoch leben wir in einer Realität, in der Schmerzvermeidung besteht, denn für alles gibt es die korrekte Medikation. Ich glaube allerdings daran, dass Schmerz ein gesundes Verhalten ist und greife auf die Trauerspirale von Elisabeth Kübler-Ross zurück. Dabei gleite ich geschmeidig in die Handhabbarkeit von Antonovsky über.

Frau Kübler-Ross hat sich als Sterbeforscherin mit der Trauer auseinandergesetzt (2012) und oft bin ich beim Dozieren überrascht, dass diese wichtige Ärztin mit ihren Erkenntnissen schon jetzt in Vergessenheit zu geraten scheint. Sie ist so aktuell wie zu ihren Lebzeiten, denn sie wusste, dass Trauer diverse Phasen durchläuft und zur Heilung diese Phasen durchlaufen werden müssen. Die Phasen nicht wahrhaben wollen, Zorn, Verhandlung, Depression, Akzeptanz wechseln, und auch wenn eine Phase überstanden ist, kann ein Aufsuchen einer vorherigen Phase möglich sein. Wenn mehrere Menschen um eine Sache trauern, befinden sie sich häufig in unterschiedlichen Phasen. Das führt dazu, dass sie in Streit geraten. Sie sind davon überzeugt, dass sie sich nicht unterstützen, sondern sie fühlen sich alleine. In der Sterbebegleitung von Kindern habe ich dieses Phänomen bei den Angehörigen, welches ich später in meine Forschungsarbeit einbezogen habe, oft beobachten müssen. Heute informiere ich über dieses Phänomen, um es aufzufangen.

Als ich selber in der Trauerspirale gefangen war, konnte ich das lange hinter mir gelassene Leid in vollem Ausmaß erfahren. Ich machte Menschen darauf aufmerksam und bekam bei der Suche nach Hilfe unterschiedliche Reaktionen. Viele Worte und Handlungen waren wunderbar. Insbesondere von Menschen, die ich nicht kannte. Sie gaben mir so viel Hilfe, dass ich oft sehr gerührt und bis heute glücklich bin.

Es gab aber auch Reaktionen von nahestehenden Menschen, die ich bis heute nicht verstehe, wie folgendes Beispiel zeigt. Ich bat eine Freundin um Hilfe – und das ist schon eine Leistung, dies so gezielt zu kommunizieren. Sie schrieb, ich solle ins Krankenhaus gehen und sprach seither nie wieder mit mir. Das überraschte und überrascht mich, denn eine Freundin ist doch das Gegenteil eines Krankenhauses. Sie wird, wie alle in diesem Buch beschriebenen Menschen, ihre Gründe haben, warum sie so reagiert hat. Vielleicht steckt sie in einem Rollenkonflikt mit ihrem eigenen Sein. Hierfür gab es vorherige Anzeichen. Allerdings kann das in der Stille nicht geklärt werden. Vielleicht ergibt sich eines Tages ein gutes Gespräch bei einem Glas Saftschorle, um die Sicht- und Ausdrucksweise zu verstehen oder es bleibt eine heilsame Distanz. Ich lasse mich überraschen. Vielleicht geht es aber auch um die Lernaufgabe, wütend über die Reaktion zu sein und mich ernst zu nehmen.

Andere Freunde haben Schönheit in mir entdeckt, als ich es selber nicht mehr sehen konnte. Das gilt auch für enge Familienvertraute. Zahlreiche Menschen wussten gar nicht, in welcher Situation ich existierte, denn ich neige dazu, Katastrophen für mich selber in Stille zu verarbeiten, bevor ich wieder in Kontakt gehe, auch wenn ich diesmal eine andere Strategie wählte.

Die Treue zu meinem eigenen Selbst wurde massiv erschüttert, als ich mich einem älteren, bekannten Herrn mit guter Vita anvertraute. Zunächst bekam ich Hilfe, dann kippte das Ganze aber in massive Grenzüberschreitungen, die mich zusätzliche Kraft kosteten.

Viele von Ihnen kennen das sicherlich, dass wenn sie fallen, unvorhergesehene weitere Beleidigungen dazukommen, weil es für viele so schön ist, einen Menschen fallen zu sehen. Ich reagiere auch in diesen Situationen damit, mich ins Gebet zurückzuziehen. Dabei habe ich noch einmal neu beschlossen, mich zu behaupten. Auch bei sehr nahe stehenden Menschen, denn dann wird diese Krise eine Möglichkeit für die Entwicklung des eigenen Selbst und das Manifest eines erfüllten Lebens.

Diesen Mut und diese Zuversicht möchte ich auch Ihnen mitgeben. Das ist der Grund, warum ich auch meine Kunden in meine persönlichen Strategien blicken lasse (Methodik des emotionalen Lernens, des Lernens vom Vorbild). Ich bin mir sicher, dass jeder die größte Krise seines Lebens überwinden kann, wenn er nicht aufgibt und immer weiter nach gesunden Lösungsstrategien sucht. Sich entmutigen zu lassen, ist zu einfach und der Kampf mit sich selber sollte nicht verloren werden (Avildsen, 1984). Ich entscheide mich immer wieder dafür, an das Gute zu glauben und bedingungslos von diesem auszugehen. Wenn ich das Gegenteil feststelle, lasse ich los und distanziere mich. Wunderbar!

Den eigenen Werten nicht untreu zu werden, kann mitunter
eine Herausforderung werden, die es sich lohnt,
wieder ins Gleichgewicht zu bringen!

8.1 Zeitgeschichte

Märchenstunde

Zwei Jahre sind vergangen. Ich habe in dieser Zeit keine einzige Zeile geschrieben. Das Anliegen eines Verlages, mein Buch herauszubringen, habe ich verstreichen lassen. Wenn ich jetzt die Zeilen lese, die ich zuvor erfasst habe, bin ich überrascht, denn im Grunde genommen ist dieses Buch ein Zeitzeuge einer unfassbaren Entwicklung und Geschichte in meinem Leben.

Immer wieder geistern mir die Gedanken durch den Kopf, ob ich die Arbeit Arbeit sein lasse und dieses Buch in der Schublade verschwinden sollte, denn meine eigentliche Aufgabe als Coach und Supervisorin Antworten zu geben, ist gespickt mit zahlreichen persönlichen Sichtweisen und Anekdoten. Eine ausgesprochen unübliche Situation, denn ich höre mir die Erfahrungen anderer Menschen an, nutze Theorien, um Lösungswege mit der betreffenden Person zu überarbeiten. Weder meine eigene Person noch meine Geschichte spielen hierbei eine Rolle. Profession durch und durch.

Immer wieder werde ich aber gefragt, wie genau von der Theorie die Praxis erlernt werden kann. Die Aussage, dass das ein lebenslanger Prozess ist, reicht Menschen manchmal nicht aus, um zu lernen. Das heißt, ich nutze anonymisierte Praxisbeispiele, um ein emotionales Lernen zu ermöglichen. Dieses emotionale Lernen liegt auch diesem Buch zugrunde. Ich gebe Ihnen als meinem Leser die Möglichkeit, Lösungsmodelle für Ihr eigenes Leben zu entwickeln. Dieses Buch ist ein einmaliges Experiment, so wie es die ganzen letzten 24 Monate meines Lebens waren, denn Vergangenheit, Gegenwart und Zukunft tobten in mir, wie es kaum vorstellbar ist.

Was war passiert? Ich verlor gefühlt alles, woran ich je geglaubt hatte. Ich beschäftigte mich mit Persönlichkeitsmodellen und lernte eine vollkommen neue Welt kennen. Die Welt, in der es trotz allem Optimismus Negativität in einem Ausmaß gab, welche mich an Grenzen und Abgründe brachte, die ich, obwohl ich reflektiert bin, mir niemals hätte vorstellen können. Und ich stürzte in ein Gefühl, welches unvorstellbar furchtbar war. Ich hatte das Gefühl, zu sterben.

Und ich akzeptierte dieses Gefühl. Ich nahm es wahr und ließ es von mir Besitz ergreifen. Als ich schwer stürzte und zwei Stunden am Boden lag, ohne mich bewegen zu können, dachte ich darüber nach, wie schlimm für mich immer wieder die Vorstellung gewesen war, alleine zu sein. Jetzt merkte ich, dass ich diese Angst abgeben konnte. Ich war behütet. In mir, in Gott und in dem Beobachten der Situation. Eine neue Erfahrung.

In den darauffolgenden Zeiten krempelte ich alles in meinem Leben um. Ich analysierte noch mehr, stellte auf, erzählte, meditierte und litt. Drei Dinge habe ich mir zum Ziel gesetzt:

1. **Aufgeben ist keine Option.**
2. **Ich gehe nicht in die Isolation.**
3. **Gute Menschen sind in meinem Leben willkommen, Menschen, die mir nicht guttun, lasse ich gehen.**

Mein privates Leben stand auf dem Kopf, während ich im beruflichen Kontext die beste Zeit aller Zeiten erlebte. Eine Zeit, die ich bewusst erleben wollte. Keinen Schmerz, keinen Absturz, keine Verzweiflung, keine Panik sparte ich aus. Und obwohl mir absolut nicht klar war, was nach dieser Phase kommen konnte, ging ich nur in eine einzige Richtung. Nach vorne.

Ich stieß auf Menschen, welche diese extreme Lebensphase aushalten konnten und ich stieß auf Menschen, die auf diese Phase gewartet hatten, um es mir, die im wahrsten Sinne des Wortes am Boden lag, mal so richtig zu geben. Ich war überrascht.

Eine vollkommen neue Welt erschloss sich mir. Es gibt wirklich schlimme Menschen. Ich verstehe noch immer nicht warum. Das, was ich tat, war, mich selber massiv in Frage zu stellen. Mein vollkommenes Selbstwertgefühl war im privaten Kontext für mich verschwunden. Vorwürfe kreisten wie Geier in meiner Seele.

Zwei Dinge retteten mich. Zum einen ging ich transparent mit diesen Gefühlen um, zum anderen suchte ich Vergebung. Beides führte dazu, dass mir Menschen mitteilten, wie wunderbar ich bin. Selber konnte ich das zu diesem Zeitpunkt nicht mehr glauben.

Als Christ befand ich mich wiederholt in diversen Beichtstühlen und gestand, wie grauenvoll ich bin. Jedes einzelne Mal kam mein Gegenüber hinaus und versicherte mir, dass ich ein wunderbarer und schuldfreier Mensch bin. Im privaten Kontext ließ ich Vorwürfe zu, die beinahe unbeschreiblich sind. Gleichzeitig erhielt ich beruflich die besten Auszeichnungen.

Meine Verwirrung bekam ich durch Gespräche, Meditation und harte Arbeit in den Griff. Ich schaute regelmäßig das Video von Samuel Koch – »Das zweite Leben« (Plutte, 2013) an. Hier sagt der Protagonist, dass er das Bedürfnis hat, sich zurückzuziehen, sich aber immer wieder aufrafft, auf die Bühne zu gehen. Diesen Satz hörte ich jeden Tag, immer wieder.

Ich fand auch andere Kraftelemente in Filmen, Hörspielen, Meditationspraktiken, die ich wiederkehrend nutzte. Ich wollte wenig Input, weil mir alles zu viel war. Ich agierte nach einem Notfallprinzip. Ich entschied und überdachte, welche der fünf Säulen inwieweit beschädigt war und in welcher Priorität ich diese wiederaufbauen wollte. Eine unfassbar anstrengende und demütigende Zeit, im maximalen Kontrast zu meinem beruflichen Erfolg.

Ich war geführt und begleitet. Und ich nutze bis heute die Chance, die sich aus diesem Schmerz ergeben hat, mein vollständiges Leben von schädlichen Mustern zu befreien. Immer wieder tauchten in meiner Aufbauphase neue Schläge auf. Und ich konnte weiterhin fürsorglich agieren und fand den Sinn meines Lebens.

Der Sinn meines Lebens ist die Liebe.

Eine neue Form der Liebe durfte ich erlernen, und das ist die Liebe zu mir selbst und zu meinem Leben. Obwohl ich als Expertin für Burnoutprophylaxe aktiv war, bin ich in einer sagenhaften Geschwindigkeit in eine Form der Erschöpfung gefallen, ausgelöst durch massivste Ereignisse, so dass mir Hören und Sehen verging. Ich blieb ruhig, weinte viel, sprach mit guten Menschen, die mir Kraft gaben, schrieb, meditierte, sortierte und sortiere bis heute voller Leidenschaft. Ich nahm mein Schicksal im Sinne der Salutogenese an. Ich akzeptierte das Fallen. Das ermöglichte mir wieder aufzustehen und alle Dinge in der Praxis zu erproben, die ich meinen Klienten seit Jahrzehnten an die Hand gebe. Und jetzt weiß ich, dass diese Dinge sogar dann funktionieren, wenn eine Mitarbeiterin der Telefonseelsorge sagt: »Dass, was Ihnen geschehen ist, kann ich nicht aushalten. Bitte lassen Sie uns auflegen.«

Ich habe solch wunderbare Menschen bei der Telefonseelsorge und in zahlreichen anderen Bereichen meines Lebens angetroffen, die ich niemals gesehen hätte, wenn ich diese Phase nicht erlebt hätte. Natürlich hätte ich trotzdem gerne auf die Ereignisse verzichtet. Aber irgendwie ist doch in allem irgendetwas Gutes und die Salutogenese funktioniert.

Wichtig war mir, letztendlich unbeschadet aus dieser Phase herauszukommen. Das ist nur möglich, wenn alle Schmerzen durchlebt und durchlaufen werden (Kübler-Ross, 2012). Bewusst, klar und aufmerksam. Ich habe zunehmend viel getanzt, mir Kraftorte, stille Orte und wunderbare Literatur gegönnt. Ich wusste, wer ich sein will, wenn diese Schmerzen vorüber sind. Und dafür danke ich Gott und all meinen Helfern.

Der Mensch ist ein soziales Wesen. Er will Verbindungen eingehen und gehört werden. Ich hatte das Glück, endlich gehört zu werden und mich endlich ausruhen zu können, um alles in Gelassenheit zu verarbeiten. Oft hatte ich Angst vor den Schmerzen, die noch kommen könnten oder war geschockt über die Schmerzen, die ich erdulden musste. Niemals, niemals hätte ich das, was mir geschehen ist, für möglich gehalten.

Und jetzt ist es Vergangenheit.

Ich lebe im Hier und Jetzt, mit der Leichtigkeit eines Kindes. Ich vertraue in die Menschen und ich vertraue meinem Gegenüber. Vorbehalte kenne ich nicht. Diese Einstellung hat mir wunderbare Begebenheiten gebracht. Ich lerne weiterhin, Gutes von Schlechtem zu unterscheiden und ganz neue Grenzen zu ziehen.

Ich schenke Ihnen diese Geschichte, damit Sie für sich in Ihren Herausforderungen niemals den Mut verlieren, sondern Ihren persönlichen Weg finden, das Manifest Ihres Lebens erkennen und Ihre unmittelbare Leistungsstärke genießen können.

Wie ein Freund sagte: »Was für eine Wachstumsphase!!«

8.2   Coolness

Kindheit, Jugend, Erwachsenenalter und Alter

Der aus dem Englischen stammende Ausdruck Coolness drückt eine Lebenseinstellung aus und wird als Fähigkeit tituliert. Eine Fähigkeit kann angeboren (Talent) und erworben sein (dann wird sie zu einer Fertigkeit) und bestimmt die Kompetenz eines Menschen. Dieses Wissen stellt die Basis einer gelingenden Personalpolitik dar. Personalpsychologisch betrachtet sind Fähigkeiten und Fertigkeiten eines Menschen sowohl das Material als auch die Grundlage einer erfolgreichen Personalpolitik (Krumm, Mertin & Dries, 2012).

Wie kann aber ein Mensch das ganze Potential aus dem Manifest seines eigenen Lebens nutzen, um die Leistungsstärke zu präsentieren, aus der Coolness erwächst? Im Antiaggressionstraining einer Schule erzählte ein Jugendlicher, dass es nur zwei Wege gibt. Den Weg des Losers oder Führers. Der Loser hat das Potential, sich Gedanken zu machen und verprügelt sowie gedemütigt zu werden. Er schleppt die Trauer und das zerstörte Ego über Jahre mit sich herum, zerbricht daran oder ruht irgendwann in sich selbst. Der Führer muss aufmucken und absolut cool sein. Er braucht eine Gefolgschaft. Das hinter der Gruppe steckende Regelwerk ist klar strukturiert. Die Rollen von Mitläufern, Wegbereitern usw. sind nicht verrückbar und geben Klarheit. Reflexionsfähigkeiten sind nicht gefragt.

Im Antiagressionstraining lernen diese Jugendlichen nun, cool mit Provokationen umzugehen. Jeder sitzt mal auf dem heißen Stuhl und stellt sich den tiefsten Hintergründen seines aktuellen Handelns. Das Gruppengefüge wird neu sortiert.

Warum ist dieses Training so wichtig?

Jugendliche lernen, dass Leistung und Intelligenz entscheidend sind. Sie lernen mit Druck umzugehen und schaffen sich eine Welt potentieller Entspannung. Es geht sehr selten darum, wer sie in ihrer eigenen, inneren Welt tatsächlich sind. Oft vergessen sie, irgendwann danach zu schauen. Wir alle wissen, dass die Schule ein hartes Pflaster sein kann. Was wünschen wir uns nun? Soll unser Kind ein sensibler, reflektierter, leidender Loser sein oder ein Führer, der seine Macht ausspielt? Was ist mit allen Kindern dazwischen, die nahezu übersehen werden? Und wie halten Lehrer heute diesen Spagat aus?

Bei einem kleinen Zeitsprung in das Erwachsenenalter eines problembehafteten Erwachsenen, gibt es vom Gericht auferlegte Mechanismen, die ein Antiaggressionstraining verpflichtend anbieten. Auch hier geht es darum, Distanz zum Geschehen zu finden, nachdenken zu können und zu wollen. So kann das eigene Handlungsspektrum erhöht werden, um an der Gesellschaft gesund partizipieren zu können.

Kürzlich wurde ich von einer Gruppe junger Erwachsener gefragt, wie ich persönlich über Pädophilie denke und ob es eine Anlage- oder Umweltproblematik sei? Da ich aus einem beruflichen Bereich komme, in dem ich misshandelte Kinder zur Genüge gesehen habe, ist meine Meinung sehr klar. Das Kind ist das Opfer, welches das Recht auf Schutz hat und der Täter trägt die Verantwortung. Es ist gut, dass Täter Hilfe bekommen. Ich selber arbeite allerdings mit den Opfern. Grenzwahrnehmung, Schutz, Anerkennung der eigenen Gefühle und der unmittelbaren Persönlichkeit sind wichtig, um selbstbestimmt und frei leben zu können. Die Diskussion mit den jungen Erwachsenen war lebendig, philosophisch geprägt und klar. Abschließend wurde, wie so oft, klar, dass Prävention noch immer zu gering ausgeprägt ist. Wir leben in einer Tätergesellschaft. Hier gibt es viel Arbeit, um das Ausmaß für die Opfer zu verändern!

An dieser Stelle fiel mir unmittelbar eine Situation ein. Eine Frau, die es geschafft hatte, sich aus der Gewalt ihrer Ehe und ihres Lebens zu befreien (Frauen helfen Frauen e.V. und andere Organisationen bieten hierzu klare Hilfen an, die bundesweit ausgedehnt werden müssen), suchte präventiv Hilfe, um in einer neuen Situation zielgerichtet handeln zu können. Eine sehr große und mutige Leistung. Sie fragte bei allen Stellen um Hilfe an und erfuhr, dass niemand für diese Prävention zuständig war. Wir leben noch immer in einer pathogenetisch geprägten Gesellschaft (Handlung bezogen auf die »Behandlung«) und nicht in einer salutogenetisch geprägten Gesellschaft (Handlung bezogen auf die Prävention).

Diese Einzelberichte, zusammenfassend betrachtet, sind eine Einladung, wach zu bleiben. Wach zu bleiben, wie es beispielsweise bestimmte Meditationen ermöglichen. Dinge anzuschauen, wie sie tatsächlich sind, ohne sie zu bewerten, fällt vielen Menschen schwer. Wertneutral und positiv das eigene Selbst und das Gegenüber in seiner Entwicklung zu unterstützen, ist eine gewinnbringende Situation für beide Parteien, die sich viele Menschen nicht vorstellen können. Für sie ist Leistungsstärke ausschließlich durch negative Kritik vorstellbar. Bei einigen Menschen führt die Idee der Positivität bis zur Angst, da die Orientierungslinien verschoben werden, die im Vorfeld die Lebensausrichtung strukturiert haben. Erst dann, wenn es zu massiven gesundheitlichen Problemen kommt, nimmt sich ein großer Teil der Menschen Zeit, eine neue Richtung einzuschlagen. Mit der folgenden Übung, die jeder Einzelne für sich direkt ausprobieren kann, ist es möglich, eine Situation bereits präventiv positiv auszurichten.

Suchen Sie sich eine bequeme Sitzposition. Am besten ist es im Schneidersitz auf dem Boden zu sitzen und den Rücken entspannt zu strecken. Alternativ bietet es sich an auf einem Stuhl zu sitzen, ohne sich anzulehnen. Hierzu ist es wichtig, die Beine hüftbreit in einem 90 Grad Winkel aufzustellen. Atmen Sie in Ihren Unterbauch ein. Zählen Sie hierbei bis vier. Halten Sie den Atem 8 Sekunden an und atmen Sie dann langsam und tief aus. Wenn Sie diese Atemtechnik eine Weile wiederholen, werden Sie mehr im Hier und Jetzt ankommen. Suchen Sie sich nun einen Gegenstand Ihrer Wahl, den Sie aus Ihrer Position gut sehen können. Beschreiben Sie diesen mit klarer Stimme und vollkommen wertneutral. Nach Beendigung der Übung spüren Sie Zufriedenheit und Entspannung. Atmen Sie einige Male tief ein und aus, bewegen Sie langsam Ihre Hände, Füße, Arme und Beine. Strecken Sie sich und kehren Sie erholt in Ihren Alltag zurück. Denken Sie nicht über die Übung nach.

Wertneutralität ist etwas, was wir nur sehr mangelhaft praktizieren. Die Bewertung einer Situation, Sache oder Person gibt uns das Gefühl von Stärke. Lassen Sie sich einladen, Wertneutralität für sich zu entdecken und das eigene Leben zu einem leistungsstarken Manifest zu machen. Weitere Übungen finden Sie in »Alarmruf. Auswege für erschöpfte Manager« (Chadasch, 2017).

8.3   6 Wege zur Selbstwertsteigerung

- Genießen Sie die Treue zu Ihrem eigenen Selbst
- Holen Sie sich mutig professionelle Hilfe
- Reflektieren Sie, ob Ihre Werte die richtigen sind und ob Sie diese leben
- Trainieren Sie Ihren Geist
- Gehen Sie wach und verantwortlich durch Ihr Leben
- Entdecken Sie die Kraft, die Freiheit und den Frieden der Wertneutralität

9. Und wieder ist es die Gesundheit

Geheimnis oder Langeweile

Das Geheimnis eines erfüllten Lebens steht auf fünf Standbeinen. Die Familie, das soziale Umfeld, der Beruf, die finanzielle Sicherheit und die Gesundheit. Das wissen Sie bereits. Hier sind Ihre persönlichen Ressourcen verborgen, die gepflegt werden müssen. Brechen zwei Säulen zusammen, kann Stabilität durch die verbleibenden drei Säulen erreicht werden. Sobald drei Säulen instabil sind, ist es eine Form der Intelligenz, sich Hilfe zu holen, denn die fünf Säulen sind miteinander verbunden und bedingen sich gegenseitig. Wenn eine Säule brüchig ist, hat das Auswirkungen auf alle anderen Säulen. Dieses Geheimnis eines leistungsstarken Lebens ist so simpel, dass es für viele Menschen sehr schwer zu begreifen ist. Aus diesem Grund wiederhole ich das gerne, denn hier liegt Ihre Macht.

Ihre Erfüllung und Stärke, die Sie innerhalb Ihrer fünf Säulen spüren, geschieht durch Ihre innere Einstellung. Das bedeutet, dass Sie nicht von äußeren Faktoren abhängig sind, um glücklich zu sein!

Durch meine Arbeit bin ich immer wieder im Kontakt mit Menschen, die an einer Depression erkrankt sind. Diese ernstzunehmende Erkrankung fesselt Menschen zum Teil über Jahre. Das hat mich dazu veranlasst, das Behandlungskonzept über mehrere Jahre hinweg zu recherchieren und ich würde gerne eine zusätzliche Möglichkeit anbieten, um die Situation für Sie zu verändern.

Lassen Sie sich dazu einladen,
Ihre Gedanken zu disziplinieren.

Im Rahmen der Achtsamkeit gilt es, den eigenen Blickwinkel neu auszurichten und das Geheimnis eines erfüllten Lebens zu erkennen (Kabat-Zinn & Lienhard, 2014). Anzuhalten und durch-zuatmen, Blockaden wahrzunehmen und Stress gezielt abzu-bauen, ist der Weg zu einem gesunden Lebensgefühl.

Viele Menschen leiden unter einer Art Langeweile, die sie dazu veranlasst, über andere Menschen zu urteilen. Sie verbringen sehr viel Zeit damit, die sie besser nutzen könnten, um sich positiv zu entwickeln. Sie könnten beispielsweise ihre eigenen Traumata auflösen und ihren eigenen Selbstwert stärken. Die Überzeugung Ihrer Familie gegenüber führt zu einem starken Selbstwertgefühl. Das soziale Umfeld, eingehüllt in wohlwollende Wünsche, er-möglicht einen entspannten Frieden. Den Beruf bestmöglich aus-zuüben und sein Wissen an Suchende weiterzugeben, gestattet einen erholsamen Schlaf. Finanzielle Sicherheit durch Fleiß und Disziplin zu organisieren, sorgt für ein widerstandsfähiges Gleich-gewicht zwischen Geben und Nehmen. Die Gesundheit zu feiern, ermöglicht eine Leichtigkeit und Freiheit in der alles möglich erscheint.

Jeder kann seine Gedanken zähmen und die Disziplin entwickeln, das Gute zu sehen und das Gute durch gesunde Gedanken voran-zutreiben.

Es ist eine persönliche Entscheidung.

Als Coach ist mir ein Paar begegnet, welches alles hatte, was man sich nur vorstellen kann. Alle fünf Säulen waren intakt. Trotzdem waren sie unglücklich und stritten. Jeder Weg, den sie einschlu-gen, um Hilfe von außen zu finden, scheiterte und führte immer weiter in die Verzweiflung. So geht es vielen Paaren. Das Geheim-nis liegt in der Disziplin, die Gedanken zu zähmen und das Gute wohlwollend zu pflegen. Auch wenn es von außen sichtbar ist, muss das Paar diesen Weg selber erkennen. Hier liegt die Heraus-forderung, denn es ist nicht ein Verstand zu formen, sondern drei Herzen müssen zur Ruhe kommen. Das Herz der Frau, das Herz des Mannes und das gemeinsame Herz. Alle drei Teile haben in einer Partnerschaft dieselbe Bedeutsamkeit.

Es bedarf viel Aufrichtigkeit, viel Bewegung und viel Ruhe, um das Gleichgewicht miteinander zu finden. Als Coach ist es meine Aufgabe, wertneutral zuzuhören und den Stimmen der Herzen, die mir gegenübersitzen, Raum zu geben und die Bedürfnisse miteinander zu besprechen.

Hierbei hilft die Vorstellung Belbins (2010). Belbin weiß, dass beim Teambuilding unterschiedliche Rollen zum Tragen kommen. Besonders schön an diesem Modell ist, dass jede Stärke eine Schwäche hat und jede Schwäche eine Stärke. Es gibt kommunikationsorientierte Rollen (Teamarbeiter, Koordinator, Wegbereiter), wissensorientierte Rollen (Beobachter, Spezialist, Erfinder) und handlungsorientiere Rollen (Umsetzer, Perfektionist, Macher).

Stellen wir uns diese Rollen für unser inneres Team vor und gehen wir davon aus, dass große Anteile dieser Rollen in unserer Persönlichkeitsstruktur vorhanden sind, ist es wichtig, mit diesen Rollen in Kontakt zu kommen, um unser Arbeitsergebnis bestmöglich auszurichten. Das bedeutet, dass wir unser Team so aufstellen, dass unsere Gesundheit gefördert wird. Der Perfektionist muss gelegentlich möglicherweise pausieren und dem Koordinator das Feld überlassen. Sobald unser innerer Beobachter aktiviert ist, wird es uns möglich, Dinge in Frage zu stellen und analytisch Hintergründe von Situationen aufzuschlüsseln, um mit den Antworten zur Ruhe kommen zu können.

9.1 Persönlich

Warum ich

Paul Watzlawick (2016) ein österreichisch-amerikanischer Kommunikationswissenschaftler, Philosoph und Soziologe hat die Axiome (Grundregeln) der Kommunikation zusammengestellt:

1. Man kann nicht nicht kommunizieren.
2. Jede Kommunikation hat einen Inhalts- und einen Beziehungsaspekt.
3. Kommunikation ist immer Ursache und Wirkung.
4. Menschliche Kommunikation bedient sich analoger und digitaler Modalitäten.
5. Kommunikation ist symmetrisch oder komplementär.

Das bedeutet also, dass Sie immer etwas sagen (1.), auch wenn Sie schweigen. Ihre Körperhaltung ist beispielsweise Kommunikation. Dadurch, ob Sie jemandem in die Augen sehen oder an ihm vorbei blicken, kommunizieren Sie. Sie sagen etwas darüber aus, wie Sie zu Ihrem Gegenüber stehen (2.). Sind Sie sich wohl gesonnen oder sind Sie angespannt? Sind Sie an Ihrem Gegenüber interessiert oder sind Ihnen andere Dinge wichtiger?

Obdachlose Menschen erleben es oft, dass an ihnen vorbeigeschaut wird. Kürzlich erzählte mir ein Betroffener, dass er mehrere Tage unter einer Brücke am Rhein lag und niemand ihn anschaute. Als er sich schließlich zu einem Bus schleppen konnte und der Notarzt kam, wurde ein Apoplex (Schlaganfall) festgestellt. Als ich sehr betroffen der Geschichte lauschte, war er verwundert und sagte, es sei in Ordnung. Die Menschen, die ihn liegen gelassen haben, hatten Angst. Ich war überrascht, endlich einen Menschen zu treffen, der noch mehr in sich ruhte und zufriedener war als ich selber. Ich hätte diese Großzügigkeit nicht, sondern wäre verärgert gewesen, dass meine Not niemanden interessierte. Dieser

Mann konnte trotz einer sehr schweren Vita das Gute im Menschen sehen und sich empathisch in ihre Angst hineinversetzen. Das gelingt nur wenigen Menschen.

Als ich im Internet versuchte, etwas über diese Situation in den Medien zu finden, war ich sehr überrascht. Dieser Mensch war ein Pazifist und für seine Überzeugung zu Fuß durch einige Kontinente gelaufen. Hiervon wurde sogar in der Tagesschau berichtet. Der weltweite Marsch für Frieden und Gewaltfreiheit fand von Oktober 2009 bis Januar 2010 statt. Der zweite weltweite Marsch für Frieden und Gewaltfreiheit befindet sich aktuell in der Planungsphase (Swinden, 2018). Meine Hochachtung stieg ins Unermessliche. Als ich mit aufgeblühter Bewunderung von ihm erzählte, überraschte mich wieder etwas, und zwar die Reaktion meiner Zuhörer. Jeder sagte, dass dieser Mann eine Gefahr darstelle. Das konnte ich nicht verstehen. Leben wir in einer so engen Gesellschaftsform, dass ausschließlich eine Lebensform Sicherheit verspricht? Wir verbauen uns damit, voneinander zu lernen. Es geht, bei all unserer Angst, um die Eingrenzung unserer persönlichen Entwicklung.

Möchten wir in einer Gesellschaft leben,
in der Menschen übersehen werden?

Ich möchte das nicht, weiß aber auch, dass es schwer ist, sich in der Gesellschaft zu behaupten. Ich denke dabei an eine Situation in Ostdeutschland. Ein Mensch ohne Obdach lag am Boden. Auch hier gingen die Menschen an ihm vorbei und beachteten seine Not nicht. Als ich ihm half, wurde ich von mehreren Menschen angepöbelt, dass ich ihn liegen lassen soll. Diese Art der Kommunikation verstand ich noch weniger.

Was war mit den Menschen um mich herum los?

Ist unsere Gesellschaft so müde, dass es nicht mehr möglich ist, einen anderen Menschen zu unterstützen? Ja, ich kenne Menschen, die mehrere Jobs erfüllen müssen. Ja, es gibt Kinder, die hungrig in die Schule kommen. Viele Menschen sind verdrießlich. Kürzlich erzählte mir ein älteres Ehepaar, dass sie sich schützen müssen, denn das Böse lauert, überall. Sie lebten seit vielen Jahren in einem Umfeld, in dem viel Angst geschürt wurde – und niemand merkte, dass der Preis, den sie zahlten, ihr Verlust an Freude war. Die Lebensfreude schnitten sie sich persönlich ab.

Wie kann ihnen nun geholfen werden und
was ist die Herausforderung?

Ob ich jemandem als Coach helfen kann, liegt auch darin begründet, ob er sich selber für diese Hilfe entscheidet. Es ist seine persönliche Freiheit und Mündigkeit, seinen persönlichen Lebensweg zu gestalten. Diese besondere Herausforderung ist eine der schwersten Übungen in meinem Beruf. Das Manifest eines erfüllten Lebens kann und möchte nicht jeder Mensch erreichen. Manche Menschen sind in ihren Strukturen zuhause. Sie können und wollen dieses Zuhause nicht verlassen. Trotzdem suchen viele einen Coach oder ähnliche Berufsgruppen auf. Sie wollen nichts verändern, die Konsequenzen ihrer Entscheidung zu tragen, fällt ihnen aber schwer, so dass sie immer wieder in ihrem eigenen Leid versinken.

Ich erinnere mich an eine junge Person mit Anorexie (Magersucht). Sie katapultierte sich immer und immer wieder in lebensbedrohliche Zustände und war dabei davon überzeugt, dass sie Kontrolle über ihr Leben habe. Oder ein junger Mann, der an einer dissoziativen Störung litt. Diese Erkrankung diskutierte ich mit einem befreundeten Arzt, da mir die Ausmaße dieser psychischen Verletzung und ihrer Auswirkungen gänzlich unklar waren. Der Herr brach immer wieder zusammen und musste ohnmächtig ins Krankenhaus eingeliefert werden. Selber litt er unter dieser Situation, da ihm vieles im Leben dadurch nicht möglich war. Er konnte kein Auto fahren, Verabredungen konnte er nur mit Menschen genießen, die noch nicht wussten, was mit ihm los war und er suchte dringend Hilfe bei Neurologen, da er seine Erkrankung als bedrohlich erlebte. Grundlage einer dissoziativen Störung ist eine psychische Belastung aus der Kindheit, die nicht verarbeitet worden ist oder eine andere traumatische Erfahrung, die dazu führt, dass im späteren Lebensverlauf eine Abspaltung eigener Grundbedürfnisse stattfindet.

Kommunikation ist also immer Ursache und Wirkung (3.). Das gesprochene beziehungsweise nicht gesprochene Wort bedeutet also etwas für den, der es hört und für den Sprecher selber. In diesem Sender-Empfänger-Modell geht es immer um die codierte Botschaft und das daraus resultierende Feedback. Die Verantwortung für die Antwort auf die gesendete Botschaft liegt also zu weiten Teilen beim Sprecher selbst. Das bedeutet nicht, dass die Macht, etwas zu bewerten beim Sprecher liegt. Er kann durch geschickte Gesprächstaktiken eine Situation zielgerichtet steuern. Er hat aber keine Macht darüber, wie die Botschaft letztendlich vom Sender interpretiert wird, denn hierzu bildet die Entwicklung und Sozialisation des Empfängers die Grundlage.

Wenn sich die Kommunikation analoger und digitaler Mittel bedient (4.), ist damit gemeint, dass sowohl der Beziehungsaspekt (analog) als auch der Inhaltsaspekt (digital) einer Nachricht die Kommunikation beeinflussen. Die digitale Kommunikation baut auf einer komplexen und logischen Syntax auf. Die analoge Kommunikation hingegen weist ein semantisches Potenzial auf. Dieses kann nur im Rahmen einer gesunden Beziehung verstanden werden. Eine eindeutige und für jeden verständliche Definition ist nicht möglich, so kann beispielsweise weinen als Freude oder als Trauer bewertet werden. Fehlinterpretationen führen häufig zu Konflikten.

Bei der Feststellung, dass Kommunikation sowohl symmetrisch als auch komplementär verstanden werden kann (5.), handelt es sich um die Idee, dass unmittelbare Leistungsstärke durch die Mischung zwischen Balance und Ungleichgewicht entsteht. Das ist die Herausforderung der menschlichen Interaktion. Treffen sich die beiden Gesprächspartner auf Augenhöhe oder ergibt sich ein ungleiches Verhältnis? Die Grundsätze der Transaktionsanalyse von Schulz von Thun (2014) sind hier verankert. Die meisten Menschen befinden sich im Rahmen der Kommunikation entweder auf der autoritären Position des Eltern-Ich oder auf der devoten Stellung des Kinder-Ich. Nur sehr selten gelingt es, dass Menschen sich im Erwachsenen-Ich (respektvoll, auf Augenhöhe, ohne Machtkampf) begegnen und miteinander eine symmetrische Kommunikation zum Manifest eines erfüllten Lebens gestalten.

Auch komplementäre Kommunikationspartner können sich miteinander entwickeln und die Kommunikationsstruktur voranbringen, solange sie humanethischen Aspekten folgen. Es besteht allerdings auch die Gefahr des Doublebind (eine Botschaft mit zwei konträren Botschaften).

Eine Angestellte sagt beispielsweise zu ihrer Führungskraft, dass sie sich frei wünscht. Bei einer symmetrischen Kommunikation besteht kein Problem und beide können sich auf eine praktikable Umsetzung konzentrieren. Erfolgt die Kommunikation hingegen komplementär, reagiert die Führungskraft möglicherweise abweisend, weil sie etwas anderes gehört hat, als die Angestellte gesagt hat. Wollte die Angestellte sagen, dass sie überfordert ist oder dass sie sich ungerecht behandelt fühlt? Wollte sie vielleicht darauf aufmerksam machen, dass sie in den Chef verliebt ist und mit ihm ausgehen möchte?

Sie können diese Ideen mit Ihrer Phantasie füllen und bekommen so sehr schnell eine Vorstellung komplexer, zwischenmenschlicher Kommunikationsprobleme. Diese führen häufig zu Verletzungen.

Eine gesunde Kommunikation durch klare Strukturen kann erlernt und trainiert werden.

Sowohl theoretische Aspekte als auch Rollenspiele bieten sich zum Lernen hervorragend an. Eigenschaften wie Empathie und die Bereitschaft zur Selbstreflexion unterstützen gelingende

Kommunikationsstrukturen. Dass ein ideales Mindsetting zu einer gesunden Kommunikation beiträgt, habe ich selber überraschenderweise sehr spät begriffen.

Ich war jahrelang im Kommunikationstraining aktiv und hervorragend darin, komplexe Kommunikationsprobleme aufzulösen. Es war mir, durch jahrzehntelanges Arbeiten mit Menschen, ohne weiteres möglich zu erkennen, woher Verletzungen kamen, wieso Probleme nicht gelöst werden konnten und wo innerhalb eines Unternehmens Defizite im kommunikativen Bereich aufzuschlüsseln waren. Durch meine Fähigkeiten konnte ich Konflikte lösen, Optionen aufzeigen und respektvolle Strukturen innerbetrieblich verankern.

Privat stieß ich an eine ganz neue Grenze. Trotz meines Fachwissens kam ich in einer Situation nicht voran. Ich suchte mir, wie ich es immer wieder empfehle, selber professionellen Rat. Im Austausch und in der Analyse erkannte ich, dass ich so sehr damit beschäftigt war, mein Gegenüber zu verstehen (beruflich eine brillante Gabe, privat fehl am Platz), dass meine persönlichen Ziele im Rahmen der Kommunikation verschleiert waren. Das war für mich eine Offenbarung und ich machte mich auf die Spurensuche und löste das Problem.

9.2   Gesellschaftlich

Warum nicht

Die Frage nach dem Gleichgewicht zwischen der gesellschaftlichen Verantwortung und der persönlichen Ebene wird bereits in der Bobo-Doll-Studie von Bandura (1963) deutlich. Die Idee, wann eine persönliche Stellungnahme wichtig ist und wodurch ein Verhalten verankert und sozialisiert wird, steht hierbei im Mittelpunkt.

Kinder sehen einen Film mit aggressivem Inhalt, der auf drei unterschiedliche Weisen endet. Bei einem Ende wird das aggressive Verhalten negativ sanktioniert. Beim zweiten Ende wird das aggressive Verhalten belohnt und das dritte Ende bleibt offen (Bandura, 1963).

Was glauben Sie, wie die Kinder sich im Anschluss verhalten haben?

Beim ersten Ende wurden keine aggressiven Handlungen nachgeahmt. Beim zweiten Ende stieg die Gewaltbereitschaft. Ebenso beim dritten Ende des Filmes. Das bedeutet, dass wenn Unrecht geschieht und keine Reaktion erfolgt, das Gegenüber lernt, dass das negative Verhalten toleriert wird.

Die Gewaltbereitschaft der Kinder stieg, nachdem die Gewalt gelobt wurde und sank, nachdem die Gewalt sanktioniert wurde. Was, glauben Sie aber, geschah warum, als die Gewalt unkommentiert blieb? Warum stieg das Gewaltpotential der Kinder an? Nahm es im Verlauf ab, da keine Resonanz erfolgte?

Viele denken sicherlich, dass ohne Aufmerksamkeit die Gewalt abnimmt. Es zeigt sich allerdings das Gegenteil. Wenn auf ein gewaltbehaftetes Verhalten keine Reaktion erfolgt, nimmt die Bereitschaft zu, Gewalt auszuüben. Es ist also wichtig, Flagge zu zeigen und eine Position zu vertreten, die das Beste im menschlichen Miteinander fördert. Nur so ist eine humanethische Sozialisation möglich.

In der eigenen Mitte zu ruhen, diverse berufliche Rollen unmittelbar und leistungsstark auszufüllen und zufrieden zu sein, funktioniert durch ein Gleichgewicht zwischen Klarheit und eine auf ein zufriedenes Leben ausgerichtete Handlung.

Glück als Kraftquelle

Ein Land, in dem als Erfolgsfaktor das Bruttonationalglück (BNG) zählt und nicht das Bruttonationalprodukt, ist nahezu unglaublich und regt zum Nachdenken an. Studien zur Erfassung des BNG, welche durch König Jigme Singye Wangchuck 2008 eingeführt wurde, gehen auf die Grundidee im 18. Jahrhundert zurück. 1729 wurde die Verfassung Bhutans um folgenden Rechtskodex ergänzt:

> *»If the government cannot create happiness for its people,*
> *there is no purpose for government to exist.«*
> (Centre for Bhutan Studies, 2016, 32).

Bei der Vorstellung, dass unsere Regierung daran gemessen werden würde, wie glücklich die Menschen in Deutschland sind, kommen sicherlich den meisten Unternehmern die Worte Zeitverschwendung und Firlefanz in den Sinn. Dennoch unterstützt Bhutan mit seinen Wertvorstellungen die Überprüfung internationaler Maßstäbe.

Mit neun Skalen und 33 Indikatoren nimmt die Beantwortung des Fragebogens einige Stunden in Anspruch. Wichtig sind den Verfassern (Staatskommission für die Erfassung des BNG) hierbei das psychische Wohlbefinden, der Gesundheitszustand und das Zeitmanagement (1.–3. Domän). Des Weiteren wird der Bildungsstand, die kulturelle Vielfalt und Resilienz, die Partizipation sowie die soziale Unterstützung erfasst (4.–7. Domän). Die Ökologie sowie der Lebensstandard (8. + 9. Domän) runden den Fragebogen ab.

Die hierbei erfassten humanethischen und psychologischen Werte sind Grundlage zahlreicher Führungskräfteseminare der letzten 10 Jahre. Das Mindsetting einer modernen Führungskraft umfasst nicht mehr den Gedanken einer Work-Life-Balance, sondern setzt diese als Grundlage für ein erfolgreiches Handeln voraus. Trotzdem werden mit dem Betriebswirtschaftlichen Gesundheits-

management (BGM) steigende Produktionsausfälle nicht aufgefangen. Aktuelle Zahlen belegen, dass jährlich 71 Milliarden
Euro durch stressbedingte Erkrankungen und damit verbundene
Produktionsausfälle entstehen (Gesundheitsreport). Die Tendenz
ist steigend. Das Renteneintrittsalter durch stressbedingte Erkrankungen liegt bei 48,3 Jahren. Trotz dieses Wissens bleiben die
Ausgaben für präventive Maßnahmen seit Jahrzehnten gleich und
liegen bei unter 10%.

Bietet das heutige Modell aus China neue Möglichkeiten (2018)?
Hierbei wird ein Punktesystem für die Bewertung eines sozialen
Menschen entwickelt und in einigen Provinzen befürwortet. Der
einzelne Mensch wird hierbei durch die digitale Bewertung der
kommunistischen Regierung unter Xi Jinping eingeordnet und
trägt die Konsequenzen dieser behördlichen Einstufung. Ziel ist
es, das Sozialkredit-System bis 2020 flächendeckend einzuführen
und gewolltes Verhalten zu erfassen (Siemons, 2018). Gleichzeitig erlangt der Präsident eine lebenslange Amtsperiode.

1000 erzielte Punkte bedeuten eine perfekte Einstufung ohne persönliche Schulden = Stufe A. Im Sinne des Volkes dient dieser
Bürger und wird mit entsprechenden Gegenleistungen belohnt. Er
hat seine Rechnungen pünktlich bezahlt, nicht gegen die öffent-
liche Ordnung verstoßen und gilt als politisch konform. Dafür
erhält der perfekte Bürger notwendige Darlehen und ist befugt,
Auslandsreisen zu genießen.

Würde dieser Ansatz den gewünschten Erfolg eines deutschen
Unternehmens fördern und Stress reduzieren? Der wachen Generation läuft es sicherlich kalt den Rücken herunter bei so viel
staatlicher Kontrolle. Andere sehen sich aber nach den Zeiten, in
denen Mündigkeit und Verantwortung nicht zu Schlafmangel
geführt haben. Diskussionen heranwachsender Manager drehen
sich im Rahmen der Selbstreflexion auch um philosophisch an-
gestoßene Interpretationen, und die Meinung ist zweigeteilt. Der
Wunsch nach Regulation und Gerechtigkeit ist auf der einen Seite
groß. Auf der anderen Seite fordert der zielstrebige Manager

einen freien kapitalistischen Markt unter humanethischen Werten.

Ziehen wir Immanuel Kant (1742–1804) und Martin Buber (1878–1965) hinzu, begrüßen wir interessante Gedankengänge auf der Suche nach dem Glück des Menschen. Kant, lebenslang sesshaft in Königsberg, analysierte die Zeit der Aufklärung im Sinne der Metaphysik. Buber, jüdischer Religionsphilosoph mit entsprechender Geschichte, hatte eine humanethische Ausrichtung und konnte diese begründen. Beide haben zahlreiche Schriften verfasst, in denen sie die Entwicklung des Menschen betrachtet haben. Sie standen für Freiheit, Glaubwürdigkeit und humanethische Entwicklung. Was aber ist eine humanethische Entwicklung? Buber sagt und beschreibt, dass der Mensch von einer sozialen Ausrichtung letztendlich selber profitiert.

»Der Mensch wird am Du zum Ich.«
(Buber, 1979, 32)

Kant beschreibt in der *»Kritik der reinen Vernunft«* (1781) die Fähigkeit des Menschen, Erkenntnisse auf ihren Wahrheitsgehalt hin zu überprüfen. Sofern Sie in Ihrem Unternehmen die von Buber und Kant untermauerten Fähigkeiten fördern, kommen Sie dem System Bhutans entgegen, denn Sie unterstützen freies und demokratisches Handeln.

Das ist der einzige Weg, der einem sinnvollen BGM zur Stärkung der unmittelbaren Leistungsstärke entgegenkommen kann – denn die Freiheit ist das höchste und kreativste Gut, über welches Ihre Mitarbeiter verfügen. Erfassen Sie die neun Skalen des BNG, beziehen die Zahlen des Gesundheitsreports ein und fördern Ihre eigene Gabe zur Selbstreflexion, werden Sie erfolgreich sein und das Manifest eines erfüllten Lebens genießen, können Verhandlungsstrategien sinnvoll nutzen und über ein starkes Team verfügen.

Modernes Stressmanagement wird somit nicht diskutiert, sondern zielorientiert umgesetzt, denn eine stabilere Ausrichtung als das Glück wird es niemals geben.

9.3 9 Schritte zur Stärkung persönlicher Resilienz auf der Grundlage des BNG

- Psychisches Wohlbefinden: Sorgen Sie für Transparenz und eine respektvolle Kommunikation
- Gesundheitszustand: Nehmen Sie Ihre Fürsorgeverantwortung ernst
- Zeitmanagement: Dienen Sie als Vorbild der Nachahmung
- Bildungszustand: Gleichen Sie Anspruch und Fähigkeit im zwischenmenschlichen Miteinander aus
- Kulturelle Vielfalt & Resilienz: Fördern Sie Innovation durch Offenheit
- Partizipation: Binden Sie Ihre Mitmenschen ein
- Soziale Unterstützung: Nutzen Sie emotionale Intelligenz zur Stärkung der Zufriedenheit
- Ökologie: Untermauern Sie durch eine strategische Nachhaltigkeit die Zukunft für Ihr Manifest des Lebens
- Lebensstandard: Sorgen Sie durch Stabilität und Flexibilität für die Gesundheit in Ihrem Umfeld

Epilog

Hängematte der Kognition

Sie haben sich Zeit genommen, um sich mit sich selber auseinanderzusetzen und ich durfte Sie auf dieser Reise begleiten. Dafür bedanke ich mich – und ich gratuliere Ihnen, denn Sie erkennen, wie kostbar Ihr eigenes Leben ist. Und nicht nur das. Ihnen ist auch klar, dass Sie mit anderen Menschen verbunden sind und unsere Leben ineinandergreifen. Wir tragen Fürsorgeverantwortung und gehen immer wieder mit uns selber verantwortlich um, so lange wir wach bleiben und uns über diverse Gedanken wundern, diese betrachten und sorgfältig abwägen.

Humanethische Grundsätze im Gesamtkontext der Leistungsstärke nicht zu vergessen, bleibt eine Aufgabe, so lange Menschen auf dieser Welt sind. Bei der Betrachtung der philosophischen Entwicklung wird immer wieder deutlich, dass weitblickende Menschen schon immer auf dieser Erde gewesen sind. Es ist einfach wunderbar zu hinterfragen, wie, wer auf was im Kontext der historischen Entwicklung gekommen ist und warum auch große Menschen viel Gegenwind ertragen mussten. Ich liebe es zu lesen und zu besprechen.

Muße für sich selbst zu sein und Muße für andere Menschen sein zu dürfen, ist ein Geschenk. Nehmen Sie sich immer wieder Mußestunden und machen Sie sich selber zur Inspiration für Ihr Leben. Bleiben Sie offen und betrachten Sie die Welt mit Neugier.

Wir haben so großes Glück, dass wir aus all dem, was uns widerfährt, lernen können. Wir dürfen im Rahmen der Globalisierung Grenzen verschieben und sollten gut darauf aufpassen, dass die Grenzen nicht schrittweise wieder enger werden. Der Dialog unter Kulturen, Nationen, Religionen und einzelnen Menschen ermöglicht Wachstum und wird zum Manifest eines erfüllten Lebens. Wir müssen lediglich unsere eigene Navigation warten.

Unmittelbare Leistungsstärke heißt scheitern zu dürfen, die Krone wieder zu richten und auf andere Menschen zuzutanzen. Solange Sie die Möglichkeit haben zu lächeln, wandeln Sie Ihre Energie immer wieder hierzu um.

Ich bin so stolz auf viele Menschen. Ich bin so dankbar für überraschende Entwicklungen. Und ich bin unendlich froh, dass ich religiös verwurzelt bin. Ich kann jede Form von Emotion aushalten, mich mit anderen Menschen verankern und meine Flügel ausbreiten. Das wünsche ich auch Ihnen!

Seien Sie sich selber treu, schätzen Sie sich, denken Sie nach, setzen Sie Grenzen und evaluieren Sie sich immer wieder selber. Vermeiden Sie Konkurrenzdenken und streben Sie eher nach Glück als nach Statussymbolen!

Lassen Sie sich nicht von anderen sagen, was das Maß der Dinge ist, sondern recherchieren Sie unterschiedliche Sichtweisen und treffen Sie dann Ihre Entscheidung, um ein stabiles Mindsetting zu haben!

**Seien Sie sicher, dass die Menschen im Kollektiv lösungsorientiert agieren und dass wir alle Teile unserer menschlichen Gesellschaft brauchen.
Auch die vermeintlich Schwachen, welche oft ohne eigenes Zutun in diese Situation geraten sind.**

**Setzen Sie dennoch denen Grenzen,
die an Zerstörung interessiert sind.**

Beschäftigen Sie sich damit, das Gute zu sehen.
Lenken Sie Ihre Gedanken diszipliniert.
Beginnen Sie den Tag damit, sich zu freuen.
Kommunizieren Sie wertneutral und respektvoll.
Und schließen Sie den Tag damit ab, sich zu sagen,
was Sie gut gemacht haben.

Ich möchte mit den Worten von Bonhoeffer schließen und wünsche Ihnen:

»Kraft zu ändern, was Sie ändern können,
Gelassenheit hinzunehmen, was Sie nicht ändern können
und Weisheit, das eine vom anderen zu unterscheiden.«

Von Herzen das Beste für Sie
Ihre *Christiane Chadasch.*

Literaturverzeichnis

Respekt

Avildsen, J. G. (1984). *The Karate Kid.* Los Angeles: Columbia Pictures.

Amnesty International (2017). *Zahlen und Fakten über die Todesstrafe.* http://www.amnesty-todesstrafe.de/?id=41. 30.08.1. 7:40.

Antonovsky, A. (1997). *Salutogenese. Zur Entmystifizierung der Gesundheit.* Tübingen: Dgvt-Verlag.

Antonovsky, A. (1991). Health, stress and coping. San Francisco: Jossey-Bass Publ.

Badham, J. (1977). *Saturday Night Fever.* Unterföhring: Paramount Home Entertainment.

Baer, S. (2017). *Gender–Aspekte im Sachgebiet Arbeit.* http://www.genderkompetenz.info/genderkompetenz-2003-2010/sachgebiete/arbeit/aspekte.html. 02.04.17. 12:30.

Bandura, A. (1994). *Lernen am Modell.* Stuttgart: Klett-Cotta.

Bandura, A., Ross, D., Ross, S. A. (1963). *Imitation of film-mediated aggressive models.* The Journal of Anormal and Social Psychology, 66 (1), 3. S. 4.

Bass, E., Davis, L. (Hrsg.), Donna Vita (2009). *Trotz allem: Wege zur Selbstheilung für Frauen, die sexuelle Gewalt erfahren haben. 15. Auflage.* Orlanda-Frauenverlag: Berlin.

Belbin, M. (2010). *Team Roles at Work.* New York: Routledge.

Beller, S. (2008). *Empirisch forschen lernen. Konzepte, Methoden, Fallbeispiele, Tipps. 2., überarbeitete Auflage.* Bern: Hans Huber, Hogrefe AG.

Bethge, P. (2011). *Erziehung. Zwang funktioniert.* http://www.spiegel.de/spiegel/a-741314.html. 03.12.16. 7:15.

Bild (215). *Wie schlank müssen Flugbegleiter bei uns sein?* http://www.bild.de/reise/fluege/stewardess/air-india-stewardessen-abnehmen-gewicht-voraussetzungen-42611528.bild.html. 28.11.16. 15:15.

Borde, D., Lühn, M. (2014). *Beziehungsstatus glücklich 1: Der Weg in eine glückliche Beziehung.* München: ABOD.

Böhm, E. (2009). *Psychobiografisches Pflegemodell nach Böhm. Band 1: Grundlagen. 4. Auflage.* Wien: Maudrich.

Bonhoeffer, D. (2010). *Von guten Mächten wunderbar geborgen.* München: Goldmann.

Buber, M. (1979). *Das dialogische Prinzip: Ich und Du. Zwiesprache. Die Frage an den Einzelnen. Elemente des Zwischenmenschlichen. Zur Geschichte des dialogischen Prinzips. 4. Auflage.* Heidelberg: Schneider.

Chadasch, C. (2016). *Lebenszufriedenheit von Familien mit einem Kind im Wachkoma: Familien am Rande der Kraft und ihre Ressourcen.* Saarbrücken: Südwestdeutscher Verlag für Hochschulschriften.

Chadasch, C. (2017). *Alarmruf. Auswege für erschöpfte Manager.* Göppingen: Kinzel.

Chelala, C. (2014). *Beängstigend hohe Selbstmordrate von Jugendlichen in China und Japan.* http://www.epochtimes.de/china/china-politik/beaengstigend-hohe-selbstmordrate-von-jugendlichen-in-china-und-japan-a1175617.html. 03.12.16. 7:15.

Chua, A. (2012). *Battle Hymn of Tiger Mother.* London: Bloomsbury.

Centre for Bhutan Studies (2016). *A compass towards a just and harmonious society. 2015 GNH Survey report.* http://www.grossnationalhappiness.com/wp-content/uploads/2017/01/Final-GNH-Report-jp-21.3.17-ilovepdf-compressed.pdf. 06.10.18. 8:35.

Coldefy, H., Alvaresse, C. (2016). *Konfuzius. Arte Dokumentation.* https://www.youtube.com/watch?v=cPiGlSbXlXY. 03.12.16. 11:30.

Cole, N. (2011). *We Want Sex.* Hamburg: Universal Pictures Germany.

El Kashef, C. (2017). *WHO. Millionen leiden an Depression.* http://m.aerzteblatt.de/news/73297.htm. 17.08.17. 8:25.

Feil, N., De Kierk-Rubin, V. (2013). *Validation: Ein Weg zum Verständnis verwirrter alter Menschen.* München: Reinhardt.

Gakidou, E., Cowling, K., Lozano, R., Murray, C. J. (2010). *Increased educational attainment and its effect on child mortality in 175 countries between 1970 and 2009. a systematic analysis.* In: Lancet. 2010 Sep 18;376(9745):959-74. doi: 10.1016/S0140-6736(10)61257-3.

Giesiger, S. (2015). *Yaloms Anleitung zum Glücklichsein.* München: Alamode.

Giesinger, M. (2016). *Wenn sie tanzt.* BMG: München.

Glahn, L. (2004). *Walromanze. Forscherliebe auf kanadischer Insel.* Hamburg: NDR.

Herbert, G. (1984). *4630 Bochum.* EMI-Electrola: Köln.

Hesse, H. (1982). *Siddhartha. Eine indische Dichtung.*
Frankfurt am Main: Suhrkamp.

Hesse, H. (1972). *Stufen. Ausgewählte Gedichte.*
Frankfurt am Main: Suhrkamp.

Höppke, F. (2016). *Suizid. Statista-Dossier.*
https://de.statista.com/statistik/studie/id/23458/dokument/suizid-statista-dossier/ 24.10.16. 1:13.

Hoffmann, F., Petermann, F., Glaeske, G., Bachmann, C. J. (2012).
Prevalence and comorbidities of adolescent depression in Germany. An analysis of Health Insurance Data. Zeitschrift für Kinder- und Jugendpsychiatrie und Psychotherapie, 40 (6), 399-404.

irb/mls/dpa. (2026). *Welthunger-Index 2015. »Konflikte sind die größten Hungertreiber«.*
http://www.spiegel.de/gesundheit/diagnose/welthunger-index-2015-zahl-hungernder-menschen-gesunken-a-1057365.html.
31.10.16. 12:20.

Kabat-Zinn, J., Valentin, L. (2014). *Stressbewältigung durch die Praxis der Achtsamkeit.* Zürich: Arbor.

Kant, I. (1781). *Die Kritik der reinen Vernunft.* Leipzig: Reclam.

Kenning, P. (2016). *Verkauf.*
http://wirtschaftslexikon.gabler.de/Definition/verkauf.html.
11.12.16 4:00.

Kirchgeorg, M. (2016). *Marketing.*
http://wirtschaftslexikon.gabler.de/Definition/marketing.html.
11.12.16. 4:00.

Klapheck, M. (2016). *Lebe deinen Beat: Anstiftung zur kreativen Verrücktheit.* Wien: Goldeeg.

Körner, H. (2008). *Johannes. Eine Erzählung. 50. Auflage.* Fellbach: lucy körner verlag.

Kreye, S. (2016). *Erfolg: Was ist Hermann Scherers Geheimnis?*
https://www.youtube.com/watch?v=9HDPCb_8l4E.
03.11.16. 14:30.

Krumm, S., Mertin, I., Dries, C., (2012). *Kompetenzmodelle. Praxis der Personalpsychologie.* Göttingen: Hogrefe.

Kübler, R. (2017). *Wahrheit ist unteilbar.*
http://jesbielefeld.de/zum_gedenken/html/_wahrheit_ist_unteilbar_.html. 18.03.17. 6:09.

Kübler-Ross, E. (2012). *Über den Tod und das Leben danach.* Güllesheim: Silberschnur.

Limbeck, M. (2016). *Limbeck Laws. Das Gesetzbuch des Erfolgs in Vertrieb und Verkauf.* Offenbach: Gabal.

Lin-Hi, N. (2016). *Ethik.* http://wirtschaftslexikon.gabler.de/Definition/ethik.html. 11.12.16. 4:15.

Leonni, L. (2016). *Swimmy. 13. Auflage.* Weinheim: Beltz & Gelberg.

Lohrberg, R. (2016). *Der Körper. Wie viele Muskeln braucht man zum Lächeln?* http://www.wissen.lauftext.de/der-mensch/der-korper/wieviele-muskeln-braucht-man-zum-lacheln_.html. 05.12.16. 5:00.

Magersucht und Selbsthilfe bei Essstörungen e. V. http://www.magersucht.de/krankheit/zahlen.php. 15.11.16. 11:30.

Newell, M. (2003). *Mona Lisas Lächeln.* Columbia Tristar Home Video: München.

Orbach, S. (1991). *Hungerstreik. Ursachen der Magersucht. Neue Wege zur Heilung.* München: Econ.

Orbach, S. (1997). *Magersucht. Ursachen und neue Wege zur Heilung.* München: Econ.

Plutte, D. (2013). *Koch, Samuel – Das zweite Leben.* 37 Grad, phoenix. https://www.youtube.com/watch?v=j5sooA-f2D0. 09.10.18, 23:15.

Quételet, A. (1871). *L'anthropométrie ou le mesure des differentes facultés de l'homme.* Bruxelles: C. Muquardt.

Riedhof, K. (2014). *Sein letztes Rennen.* München: Universal Film.

Scherer, H. (2016). *Stationen / Vita.* http://www.hermannscherer.de/home/stationen-vita/. 03.12.16. 9:15.

Scherer, H. (2011). *Glückskinder. Warum manche lebenslang Chancen suchen – und andere sie täglich nutzen.* Frankfurt am Main: Campus.

Schlink, B. (2010). *Der Vorleser.* Zürich: Diogenes.

Schulte-Markot, M. (2017). *Burnout bei Kindern. Schüler sind immer häufiger überlastet.* http://www.wiwo.de/erfolg/trends/burnout-bei-kindern-schueler-sind-immer-haeufiger-ueberlastet/11494220.html. Handelsblatt GmbH & Co. KG. 30.08.17. 13:00.

Schulz von Thun, F. (2014). *Miteinander reden 1: Störungen und Klärungen: Allgemeine Psychologie der Kommunikation.* Reinbek: Rowohlt Taschenbuch Verlag.

Schuster, N. (2012). *Tod aus Verzweiflung.* Pharmazeutische Zeitung. Ausgabe 38/2012. http://www.pharmazeutische-zeitung.de/index.php?id=43477. 03.12.16. 8:30.

Schwarz, A. (2008). *Der kleine Drache Hab-mich-lieb. Ein Märchen für große Leute.* Freiburg: Herder.

Schwarz, A. (2011). *Kater sind eben so. Neues vom kleinen Drachen Hab-mich-lieb.* Freiburg: Herder.

Scott, T. (2009). *Top gun.* Unterföhring: Paramount Home Entertainment.

Siemons, M. (2018). *Chinas Sozialkreditsystem. Die totale Kontrolle.* Frankfurt am Main: Frankfurter Allgemeine. https://www.faz.net/aktuell/feuilleton/debatten/chinas-sozialkreditsystem-die-totale-kontrolle-15575861.html. 11.05.2018.

Sitzenstuhl, I., Scherpner, M., Richter-Markert, W. (2008). *Hand- und Arbeitsbuch der Agogik. Ein mehrdimensionales Denk- und Handlungsmodell.* Freiburg: Lambertus.

Solinamm, T., Lapp, T. (2016). *Einsame Spitze. Top-Manager am Limit.* https://www.youtube.com/watch?v=tlEEOY5aLPQ. 30.08.17. 12:00.

Spezzano, C. (2015). *Wenn es verletzt, ist es keine Liebe: Die Gesetzmäßigkeiten erfüllter Partnerschaft.* München: Arkana.

Spiegel Online (2017). *Todesfälle in Deutschland. Menschen sterben im Schnitt mit 78 Jahren.* http://www.spiegel.de/gesundheit/diagnose/todesursachen-deutsche-sterben-im-schnitt-mit-78-a-1067875.html. 30.08.17. 11:30.

Stiftung Deutsche Depressionshilfe (2017). *Depression: Infos und Hilfe.* http://www.deutsche-depressionshilfe.de/depression-infos-und-hilfe. 17.08.17. 9:00.

Straßmann, B. (2011). *Lachforschung. Unglaublich komisch. Die Zeit Nr. 17/2011.* http://www.zeit.de/2011/17/Lachforschung. 27.02.17. 4:40.

Strobel, H. (2013). *Iga. Report 23. Auswirkungen von ständiger Erreichbarkeit und Präventionsmöglichkeiten.* https://www.iga-info.de/fileadmin/redakteur/Veroeffentlichungen/iga_Reporte/Dokumente/iga-Report_23_Staendige_Erreichbarkeit_Teil1.pdf. 27.01.17. 4:00.

Swinden, S. (2018). *Zweiter weltweiter Marsch für Frieden und Gewaltfreiheit: Die Kraft des Mitgefühls ausbauen.* https://www.pressenza.com/de/2018/04/zweiter-weltweiter-marsch-fuer-frieden-und-gewaltfreiheit-die-kraft-des-mitgefuehls-ausbauen/ 06.11.8. 6:00.

Tennant, A. (2005). *Hitch – Der Datedoktor.* Culver City: Sony.

Van Haren, W. (2016). *Selbst-erfüllte-Prophezeiung.*
http://psychotherapie-vanharen.de/wiki-
vanharen/existenzielles/selbsterfuellte-prophezeiung.html.
03.12.16. 9:45.

Wanzek, I., Rosenboom, C. (2017). *Unrecht nicht hinzunehmen
gehört zur Menschenwürde. NCI News & Analysen.
Unsere Zukunft gestalten.* http://www.nci-net.de/Archiv/
Arbeitsplatz/Mobbing/Mobbing-juristisch.html. 31.03.17. 2:30.

Watzlawick, P. (2016). *Menschliche Kommunikation. Formen,
Störungen, Paradoxien.* Bern: Hogrefe.

wbr/dpa. (2016). *Studie zu Übergewicht. Jeder zweite Deutsche ist zu
dick.* 29.05.14. 7:16.
*http://www.spiegel.de/gesundheit/ernaehrung/uebergewicht-2-1-
milliarden-menschen-sind-zu-dick-a-972097.html.* 31.10.16. 12:15.

Wegner, B. (1979). *Sind so kleine Hände.* Hamburg: Teldec.

WFP. World Food Programme. (2016). *Hunger weltweit – Zahlen und
Fakten.* http://de.wfp.org/hunger/hunger-statistik. 31.10.16. 12:15.

Wink, R. (2016). *Multidisziplinäre Perspektiven der
Resilienzforschung.* Wiesbaden: Springer.

Zotz, V. (2008). *Konfuzius. 2. Auflage.* Hamburg: Rowohlt.

Profil der Schriftstellerin

Eine besondere Frau

Frau Dr. Christiane Chadasch ist seit drei Jahrzehnten im Gesundheitsmanagement tätig, forschte sechs Jahre zur Lebenszufriedenheit von Menschen (Universität zu Köln), gründete die Gesundheitsakademie Chadasch – DIE Gesundheitsakademie für erfolgreiche Führungskräfte, die sie als Geschäftsführerin leitet und ist Expertin für Gesunde Führung durch Coping & Resilienz (Top 100 Trainers Excellence), Autorin und Speakerin. Sie doziert an diversen Hochschulen (u. a. IUBH, FOM, Ludwig Fresenius, KatHo). In ihren Praxisräumen im Rhein-Sieg-Kreis, in den Räumlichkeiten diverser Unternehmen sowie in einem gehobenen Ambiente wie der Villa Waldesruh in Siegburg (Managertage zur Revitalisierung) steht Frau Dr. Chadasch als Coach und Supervisorin zur Verfügung.

Das Manifest Ihres Lebens ist die Brücke zwischen Ihren Bedürfnissen und der Umsetzung Ihrer Träume im Rahmen Ihrer Realität.

Sagen Sie sich, wer Sie sind, und Ihre Umwelt wird erkennen, was Sie sich wünschen!

Weitere Informationen finden Sie unter:
www.christiane-chadasch.de
www.gesundheitsakademie-chadasch.de

Veröffentlichungen

Auszug

WirtschaftsWoche
Von Zeinlinger, Tina
Experteninterview mit Frau Dr. Chadasch
Erkrankungen offenlegen?
Chronisch Kranke brauchen Selbstreflexion
https://www.wiwo.de/my/erfolg/beruf/erkrankungen-
offenlegen-chronisch-kranke-brauchen-
selbstreflexion/24168890.html
Veröffentlichung am 02.04.19

*

Health & Care Management
Wirtschaftlich entscheiden in Kliniken und Altenheimen
Holzmann Medien GmbH & Co. KG
Verantwortlicher Umgang mit KI
Eine Frage der Humanethik
Veröffentlichung am 01.04.19

*

Health & Care Management
Wirtschaftlich entscheiden in Kliniken und Altenheimen
Holzmann Medien GmbH & Co. KG
Neurobiologische Erkenntnisse über die Kunst der Rhetorik.
Botschaften richtig vermitteln.
Weiterer Autor: Prof. Dr. Boris Kotchoubey
https://www.medizin.uni-
tuebingen.de/en/Patients/Institutes/Medical+Psychology/Staff/P
rof_+Dr_+Boris+Kotchoubey-port-10443-p-150765.html
Veröffentlichung am 01.02.19

*

Health & Care Management
Wirtschaftlich entscheiden in Kliniken und Altenheimen
Holzmann Medien GmbH & Co. KG
Attraktivität verstehen
Die eigene Kraft kennen und einsetzen
Veröffentlichung am 01.12.18
https://www.hcm-magazin.de

*

Health & Care Management
Wirtschaftlich entscheiden in Kliniken und Altenheimen
Holzmann Medien GmbH & Co. KG
Junge Führungskräfte richtig behandeln
Zwischen Idealismus und Realismus
Veröffentlicht am 01.09.18
https://www.hcm-magazin.de/personalentwicklung/158/10988

*

Speakers Excellence Deutschland Holding GmbH
Top 100 Excellent Trainers
Management & Führung
Gesunde Führung durch Coping & persönliche Stärke
Veröffentlicht am 01.03.18

*

GBS CIDP Journal
Deutsche GBS CIDP Initiative e. V.
Die Diagnose meistern – Selbstbestimmung trotz
Einschränkungen
Veröffentlicht am 01.02.18
http://gbs-selbsthilfe.org/wp-
content/uploads/2016/08/18_2_journal_01.pdf

*

Trainers Excellence
Management & Führung
Gesunde Führung durch Coping & persönliche Stärke
Veröffentlicht am 07.01.18
https://www.trainers-excellence.de/redner/christiane-chadasch.html

*

Arbeitspsychologie Team Dr. Blind – Salzburg/Linz/Wien
Arbeitspsychologie – Evaluierung psychischer Belastungen –
Führung – Management – Gesundheit
Gesundes Führen – Coping & Resilienz – 7 Fragestellungen und Antworten
Veröffentlicht am 04.10.17
http://infocenter.arbeitspsychologie-online.at/wp-content/uploads/2017/10/gesunde-fc3bchrung-durch-coping-und-resilienz_10-2017.pdf

*

Arbeitspsychologie Team Dr. Blind – Salzburg/Linz/Wien.
(Re-) Evaluierung psychischer Belastungen: ABS/ KFZA/BASA II
Arbeitspsychologie – Evaluierung psychischer Belastungen –
BGF (0)664 957 60 50 oder (0)650 66 58 243
Führung – Management – Gesundheit
Veröffentlicht am 06.07.2017

*

Gesunde Führung durch Coping und Resilienz
http://infocenter.arbeitspsychologie-online.at/wp-
content/uploads/2017/07/gesunde-fc3bchrung-durch-coping-
und-resilienz.pdf

Mag.Dr. Christian Blind
Arbeits-,Wirtschafts-, Organisationspsychologie
(Zertifizierte Arbeitspsychologie seit 2003)
Betriebliche Gesundheitsförderung
Henri-Dunant-Str. 38/15
A-5020 Salzburg
Tel: +43 (0)664 957 60 50 (office/A1 over IP)
Tel.: +43 (0)650 66 58 243 (mobile)
www.arbeitspsychologie-online.at

*

Alarmruf – Auswege für erschöpfte Manager
Manuela Kinzel Verlag
ISBN: 978-3955440671
Veröffentlicht am 01.03.2017

*

Lebenszufriedenheit von Familien mit einem Kind im Wachkoma: Familien am Rande der Kraft und ihre Ressourcen
ISBN: 978-3838152790
Veröffentlicht am 13.09.2016